KIRTAN

Mantra-Singen

Mantras und Liedertexte zum Singen
mit Übersetzungen und Erläuterungen

Yoga Vidya Verlag

Kirtan

Mantras und Liedertexte zum Singen.
Mit Übersetzungen und Erläuterungen.

Zusammengetragen und aufgezeichnet vom Yoga Vidya Center Frankfurt, unter Mitwirkung von Swami Hamsananda, Shrī N.V. Karthikeyan, Sukadev Volker Bretz, Eva-Maria Kürzinger, und vielen weiteren Mitarbeitern und Mithelfern von Yoga Vidya.

Gewidmet unserem Meister Swami Sivananda. In den nach ihm benannten von Swami Vishnu-devananda gegründeten Sivananda Yoga Vedanta Zentren haben wir die Freude des Mantra-Singens kennen gelernt.

Empfohlen vom Berufsverband der Yoga Vidya Lehrer/innen.

Das Copyright der Lieder von Swami Sivananda liegt bei:
The Divine Life Trust Society
P.O. Shivanandanagar - 249 192
Distt. Theri-Garhwal, U.P., Himalayas, Indien.

17. Auflage

© 2013 Yoga Vidya Verlag der Yoga Vidya GmbH
Alle Rechte vorbehalten
Herausgegeben vom Berufsverband der Yoga Vidya Lehrer e.V.
Yogaweg 7, 32805 Horn-Bad Meinberg, Deutschland

Weitere Sach- und Fachbücher sind zu beziehen über:
Yoga Vidya GmbH, Yogaweg 7, 32805 Horn-Bad Meinberg, Deutschland
Tel. 05234/87-2209, Fax – 2225, shop@yoga-vidya.de, www.yoga-vidya.de

Printed in Germany

ISBN 978-3-931854-22-5

Inhalt

Einführung

Das Singen von Mantras (Kirtan) ist eine wunderschöne, freudevolle Methode zur Erweiterung des Bewusstseins. Seit undenklichen Zeiten singen Menschen, um ihren Gefühlen und Empfindungen Ausdruck zu verleihen. In nahezu allen spirituellen Traditionen nimmt das Singen von religiösen Liedern einen wichtigen Stellenwert ein. Höheres Bewusstsein ist eine Erfahrungssache, nicht nur eine Glaubensfrage. Es ist eine jedem Menschen innewohnende Fähigkeit. Im Überbewusstsein erfährst du die Einheit des Seins und das Leben bekommt einen Sinn. Die dabei entstehende Lebensfreude und Kraft helfen dir auch im täglichen Leben.

Um zu diesem höheren Bewusstsein zu kommen, müssen das Ego mit seinen Verhaftungen und der Intellekt, der stets in Zeit, Raum und Kausalität beschränkt ist, transzendiert werden. Im Yoga haben zwar der Intellekt als Unterscheidungskraft und das Ego als Selbstbewusstsein und Selbstvertrauen ihre Funktion und müssen bewusst geschult werden; jedoch solltest du auch in der Lage sein, die Grenzen von Ego und Intellekt zu transzendieren.

Eine der einfachsten und effektivsten Methoden dafür ist das Mantra-Singen (Kirtan), manchmal auch Mantra-Chanten genannt. Es hilft, das Herz zu öffnen und innere Gefühle der Liebe, Demut und Anbetung zu wecken. Über die Erweckung dieser reichen inneren Gefühlswelt können die Grenzen des Intellekts leicht transzendiert werden.

Der Vorteil, in einer unbekannten Sprache wie Sanskrit zu singen, ist, dass die Worte nicht mit Alltagserfahrungen und Vorurteilen behaftet sind.

Saraswati, die Göttin der Musik, der Künste und der Weisheit.

Mit offenem Geist und vom Herzen ausgehend wird Mantra-Singen eine ganz besondere Erfahrung.

Die Sprache der Mantras ist Sanskrit, auch Devanagari, Sprache der Götter, genannt. Sanskrit ist die älteste Sprache der Welt und wird in Indien seit Jahrtausenden für spirituelle Zwecke gebraucht, nicht für das tägliche Leben. Die Mantras in Sanskrit haben besondere Kraft. Über die Kraft des Klanges können sie die Energiekanäle (Nadis) im Astralkörper reinigen, die Chakras erwecken und aktivieren. Bei besonderer Konzentration kann man alleine durch Mantra-Singen die Kundalini (evolutionäre Kraft im Menschen) erwecken.

Es gibt viele Bücher über Mantras. Es gibt einige wissenschaftliche Untersuchungen über die Wirkungen von Mantras auf Pflanzenwachstum, Heilung von Krankheiten und Veränderung der Gehirnströme.

Es gibt Untersuchungen, welche die Schwingung der Mantras mit den Schwingungen der Planeten, geometrischen Formen (Yantras) und den Grundfarben in Verbindung bringen. Am meisten erfährst du aber über den Sinn des Mantra-Singens, indem du es vorurteilsfrei ausprobierst. Mantras erscheinen zunächst fremdartig, vielleicht auch schwer auszusprechen. Probiere es einfach mit offenem Geist aus. Nach einer Weile können dir die Mantras vertrauter erscheinen als die eigene Sprache. Denn die Klänge der Mantras kommen den Schwingungen unserer tiefsten Gemütszustände am nächsten.

Mantra-Singen ist natürlich nur ein Teilbereich im Yoga. Meister Sivananda betonte stets die Notwendigkeit eines ganzheitlichen Yogas, den er „integralen Yoga" oder „Yoga der Synthese" nannte: Asanas (Körperübungen), Pranayama (Atemübungen), Entspannung und richtige Ernährung für die Entwicklung des physischen Körpers und das Erwecken der Energien; selbstlosen Dienst, um den Egoismus zu beseitigen; Mantra-Singen und Verehrung des Göttlichen, um die Kraft der Emotionen in Hingabe und selbstlose Liebe zu transformieren; Studium der Schriften und Selbstanalyse, um den Intellekt zu überwinden; und schließlich Meditation, um tief in das Innere zu tauchen, in die wahre Natur des Seins, genannt das Selbst, Gott, die Wahrheit.

Dieses Büchlein soll dich beim Mantra-Singen begleiten. Wir haben einige Erklärungen, Illustrationen, ein detailliertes Inhaltsverzeichnis und einen Index mit allen Gesängen in alphabetischer Reihenfolge beigefügt.

Am schönsten ist es, mit anderen zusammen Mantras zu singen. Kirtan ist jedoch auch erhebend, wenn du allein in deinem Zimmer singst oder bei der Arbeit, beim Fahren oder Gehen. Wir haben verschiedene Kirtan-CDs, so dass du die Melodien auch zu Hause lernen kannst.

Wir hoffen, das Mantra-Singen macht dir genauso viel Freude wie uns. Für Kommentare und Anregungen sind wir stets dankbar.

Dein Yoga Vidya Team

Was ist Kirtan?

Auszüge aus „Bhakti Yoga"
von Swami Sivananda:

Kirtan ist das gefühlvolle Singen von Gottes Namen. Dieses Singen hat eine heilende Wirkung sowohl auf den physischen als auch auf die feinstofflichen Körper. Es ist eine ausgezeichnete Methode, um die Nerven zu beruhigen und den Emotionen eine positive Richtung zu geben. Während die Mantras in Sanskrit gesungen werden, kann Kirtan in jeder Sprache erfolgen. Auch die christlichen Hymnen kann man als Kirtan bezeichnen.

Sanskrit, die älteste Sprache der Menschheit, wird auch „Devanagari", die Sprache der Götter, genannt. Klang, bestehend aus Schwingungen, ist letztlich Energie. Ein Sanskrit-Mantra ist eine mystische Energie, die in einer Klangstruktur eingeschlossen ist. Es besteht aus den Urklängen, ursprünglichen Schwingungen, die aus dem Objekt selbst oder der Handlung entstehen, wofür es benutzt wird. So ist z.B. in allen Sprachen „Ma" oder ein ähnlicher Klang die Bedeutung für „Mutter". Es ist der natürliche Laut, mit dem das Kind die Mutter ruft.

Sanskrit-Worte sind ursprüngliche, natürliche Klangmanifestationen. Deshalb benutzen wir sie zum Singen. Man kann Mantras übersetzen, aber die Übersetzung hat nicht die gleiche Kraft. Um die Energie eines Mantras zum Schwingen zu bringen, wiederholen wir es mit einem bestimmten Rhythmus. Bei der Wiederholung des Mantras entsteht ein spezifisches Gedankenmuster. Die Energie manifestiert sich.

Name und Form sind wie die zwei Seiten einer Medaille: das eine gibt es nicht ohne das andere. Wenn man einen Namen wiederholt erscheint die entsprechende Form im Geist. Auch wenn man die Form, die mit einem bestimmten Mantra verbunden ist, nicht kennt, so wird doch ein bestimmtes Gedankenmuster im Geist geformt. Diese Gedankenmuster sind positiv, wohltuend und beruhigend.

Im Kundalini Yoga wird gesagt, dass jedes Chakra eine bestimmte Anzahl von „Blütenblättern" hat, die bestimmte Buchstaben des Sanskrit-Alphabets enthalten. Wenn man Mantras in Sanskrit singt, werden die Chakras stimuliert und die Kundalini Shakti erweckt.

Mantra-Singen ist die leichteste Art, Gott nahe zu kommen. Im Kālī Yuga (Eisernen Zeitalter) ist Kirtan das beste Yoga. In jedem Wort ist Kraft. Genauso wie der Name eines Objektes in dieser Welt die Vorstellung dieses Objektes in unserem Geist hervorruft, so ruft der Name Gottes ein Gottes-Bewusstsein im gereinigten Geist hervor und bereitet so den Boden zur höchsten Gottesverwirklichung.

Musik ist Yoga des Klanges. Die verschiedenen Musiktöne haben ihre eigenen subtilen Kanäle (Nadis) in den Energiezentren (Chakras). Musik bringt diese Kanäle zum Schwingen, reinigt sie und erweckt die darin schlafende psychische und spirituelle Kraft.

Kirtan berührt und öffnet das Herz, erfüllt den Geist mit Reinheit und bringt Harmonie und göttliche Liebe. Wer den Namen Gottes singt, vergisst den Körper und die Welt.

Selbst mechanisches Singen bringt noch eine gewisse Wirkung. Wenn man jedoch mit Hingabe und Gewahrsein der Bedeutung singt, so sind die Wohltaten unermesslich.

Abfolge der Mantras in einem Satsang

* 20-45 Minuten stille Meditation
* Om Om Om
* Jaya Ganesha (Nr. 2)
* 1-3 Kirtans
* Om Om Om Shanti ...
* Lesung
* Om Om Om
* Om Tryambakam (Nr. 800)
* Friedensgebete (Nr. 801)
* Universelles Gebet (Nr. 802)
* Arati (Nr. 804)
* Twameva (Nr. 805)

Swami Sivananda, 1887-1963, einer der großen Yogameister des 20. Jahrhunderts

Jaya Ganesha

Im Jaya Ganesha rufen wir die verschiedenen göttlichen Aspekte und Kräfte in uns und um uns herum an. Damit öffnen wir das Herz für Liebe und Hingabe. Eine sehr reine Schwingung entsteht. Beim Mantra-Singen sind drei Punkte wichtig: 1. die richtige Aussprache. 2. die Hingabe. 3. das Gewahrsein der Bedeutung.

Im Mantra-Yoga werden die höheren Kräfte im Universum und die höheren Aspekte unseres Bewusstseins personifiziert und manchmal als „Götter" bezeichnet. In der Vedanta-Philosophie gibt es nur eine unmanifestierte Wahrheit, das Absolute (Brahman). Brahman ist eigenschaftslos, unendlich, unveränderlich. Brahman manifestiert sich im Universum als Ishwara (persönlicher Gott), der allgegenwärtig, allmächtig, allwissend ist, der das Universum erschafft (Brahma), erhält (Vishnu) und zerstört (Shiva). Ein Lehrsatz im Yoga (wie auch in der Esoterik) lautet: Wie oben, so unten. Wie im Makrokosmos, so im Mikrokosmos. Brahman manifestiert sich im Individuum als das Höchste Selbst (Atman).

Götter und Göttinnen symbolisieren die verschiedenen Aspekte der Kraft des Absoluten, wie auch höhere Kräfte in uns. Man könnte sie mit den Archetypen im Sinne C.G. Jungs vergleichen. Durch Wiederholen der Mantras schwingen wir uns ein auf diese kosmischen und höheren inneren Kräfte. Da alles im manifestierten Universum in der Polarität ist, hat in der hinduistischen Mythologie jeder Aspekt der Wahrheit eine männliche (Deva) und eine weibliche (Devi, Shakti) Manifestation.

1. Om Om Om

Om ist das ursprüngliche Mantra. Om besteht eigentlich aus drei Buchstaben:

A U M – repräsentiert alle Trinitäten und das, was sie transzendiert:

* Schöpfung-Erhaltung-Zerstörung
* Vergangenheit-Gegenwart-Zukunft
* Physischer Körper-Astralkörper-Kausalkörper.

2. Jaya Ganesha mit kurzen Erläuterungen

Jaya Ganesha Jaya Ganesha
Jaya Ganesha Pāhimām
Shrī Ganesha Shrī Ganesha
Shrī Ganesha Rakshamām

Anrufung der Energie Ganeshas, um Hindernisse zu beseitigen und anfangen zu können.

Sharavanabhava Sharavanabhava
Sharavanabhava Pāhimām
Subrahmanya Subrahmanya
Subrahmanya Rakshamām

Anrufung der Energie Sharavanabhavas für Schutz und innere Kraft.

Jaya Saraswati Jaya Saraswati
Jaya Saraswati Pāhimām
Shrī Saraswati Shrī Saraswati
Shrī Saraswati Rakshamām

Anrufung der Energie Saraswatis zur Erhöhung von Intuition, Kreativität, geistiger Offenheit und Erlangung von Weisheit.

Jaya Guru Shiva Guru
Hari Guru Rām
Jagad Guru Param Guru
Sat Guru Shyām
Om Ādi Guru Advaita Guru
Ānanda Guru Om
Chid Guru Chidghana Guru
Chinmaya Guru Om

Anrufung der Energie des Gurus, der inneren Führung sowie des spirituellen Lehrers.

Hare Rāma Hare Rāma
Rāma Rāma Hare Hare
Hare Krishna Hare Krishna
Krishna Krishna Hare Hare

Mantra zur Entwicklung von Lebensfreude und Hingabe.

Om Namah Shivāya

Anrufung der Energie von Shiva, um unser eigenes Selbst zu verwirklichen und Negativitäten zu beseitigen.

Om Namo Nārāyanāya

Anrufung der Energie Vishnus, um Gott in allen Wesen und im ganzen manifesten Universum zu sehen.

Om Namo Bhagavate Vāsudevāya

Anrufung der Energie von Krishna (Vasudeva), eine Inkarnation von Vishnu, die Liebe und Freude symbolisiert.

Om Namo Bhagavate Sivānandāya
Om Namo Bhagavate Sadguru Nāthāya
Om Namo Bhagavate Vishnu Devānandāya
Om Namo Bhagavate Shrī Guru Nāthāya

Anrufung der Energie der Yoga-Meister Swami Sivananda und Vishnu-devananda

Shrī Rām Jaya Rām
Jaya Jaya Rām Om

Anrufung der Energie von Rama, um ethische Stärke zu entwickeln und ein tugendhaftes Leben zu führen.

Krishnam Vande Jagad Gurum Shrī
Krishnam Vande Jagad Gurum

Gruß an Krishna, den Weltenlehrer.

Ānandoham Ānandoham
Ānandambrahmānandam

Ich bin Wonne. Ich bin Wonne.
Absolute Wonne, Wonne bin ich.

Om Namah Shivāya

3. Jaya Ganesha mit genaueren Erläuterungen und Variationen

Jaya Ganesha Jaya Ganesha
Jaya Ganesha Pāhimām
Shrī Ganesha Shrī Ganesha
Shrī Ganesha Rakshamām

Dies ist ein Mantra Ganeshas. Ganesha, der elefantenköpfige Gott, symbolisiert die Beseitigung aller Hindernisse.
Stelle dir einen Elefanten im Dschungel vor. Er beseitigt jedes Hindernis auf dem Weg mit Leichtigkeit. So bitten wir Gott am Anfang jedes Unternehmens, alle Hindernisse auf dem Weg zu beseitigen. „Jaya" heisst „Sieg dem" oder „Verehrung dem". „Pahimām" und „Rakshamām" sind Anrufungsformeln (wörtlich: „beschütze mich", "steh' mir bei").

Sharavanabhava Sharavanabhava
Sharavanabhava Pāhimām
Subrahmanya Subrahmanya
Subrahmanya Rakshamām

Sharavanabhava steht für die Beseitigung aller negativen Einflüsse (Zorn, Gier, etc.) auf dem inneren und äußeren Schlachtfeld,

auf der physischen und auch der feinstofflichen Ebene (negative Astralwesen, etc.).

Jaya Saraswati Jaya Saraswati
Jaya Saraswati Pāhimām
Shrī Saraswati Shrī Saraswati
Shrī Saraswati Rakshamām

Saraswati ist die Göttin der Künste und der Weisheit. Das Anrufen ihres Namens verleiht Intelligenz, erweckt schlafende, insbesondere kreative Fähigkeiten, und gibt Erfolg in akademischen Projekten. Musik, bildende Künste, Intuition, mystisches und akademisches Wissen, Liebe, Schönheit, Harmonie und Unterscheiungskraft werden alle mit Saraswati in Verbindung gebracht. Auf dem spirituellen Pfad symbolisiert Saraswati die Bereitschaft des Aspiranten, offen zu sein für Neues und lernen zu wollen.

Jaya Shrī Lakshmi (3×) Pāhimām Mahālakshmi (3×) Rakshamām

Lakshmi ist die Göttin von Schönheit, Fülle und Reichtum. Wie eine Mutter gibt sie alles, was die Lebewesen auf der Erde brauchen. Auf der spirituellen Ebene repräsentiert sie die Ansammlung von positiven Charaktereigenschaften und Prana. Sie ist die Gemahlin von Vishnu, dem Erhalter.

Jaya Shrī Durge (3×) Pāhimām Mahākālī (3×) Rakshamām

Durga repräsentiert das Ideal der mütterlichen Liebe. Sie ist die Gemahlin (Energie-Aspekt) von Shiva.
Kālī, die schwarze Göttin, erscheint furchterregend, ist aber sanft und freundlich zu ihren VerehrerInnen. Sie verlangt absolute Hingabe.

Rāja Rājeshwari ... Pāhimām
Tripura Sundari ... Rakshamām

Beinamen der Kosmischen Mutter: König-
liche Göttin; Schöne der drei Welten.

Gangārāni ... Pāhimām
Bhāgirathi ... Rakshamām

Beinamen der Ganga (Fluss Ganges),
welche alle reinigt, die mit ihr in Kontakt
treten. Ganga symbolisiert die reinigende
Kraft der Liebe und Hingabe.

Brahma Shakti Vishnu Shakti
Shiva Shakti Om

Ādi Shakti Parā Shakti
Mahā Shakti Om

Devi Shakti Māyā Shakti
Guru Shakti Om

Icchā Shakti Kriyā Shakti
Jnāna Shakti Om

Shakti, die Kosmische Energie, ist die
Kraft hinter Schöpfung (Brahma), Erhal-
tung (Vishnu) und Zerstörung (Shiva).
Sie ist ursprünglich (Adi), transzendent
(Para), großartig (Maha). Shakti ist die
Göttin (Devi), die Ursache der Illusion
(Maya) und der Befreiung (Guru). Shakti
manifestiert sich als Willenskraft (Iccha),
Handlung (Kriya) und Erkenntnis (Jnana).

Jaya Guru Shiva Guru
Hari Guru Rām

Jagad Guru Param Guru
Sat Guru Shyām

Om Ādi Guru Advaita Guru
Ānanda Guru Om

Chid Guru Chidghana Guru
Chinmaya Guru Om

Guru heißt wörtlich „der die Dunkelheit
vertreibt". Guru ist das Prinzip des
Geführt-Werdens. Guru manifestiert sich
auf drei Ebenen: 1. Als innere Stimme im
Herzen jedes Einzelnen. 2. Als die Welt
und alle Erfahrungen, die als Schule zu
unserer Weiterentwicklung gesehen wer-
den können. 3. Als ein konkreter Mensch,
der die Gottverwirklichung erreicht hat
und uns dann als Meister auf dem spiri-
tuellen Weg führen kann.

Das Prinzip des Guru nimmt die Form
von Shiva (Zerstörung), Hari (Vishnu,
der Erhalter) und Rama (Freude) an.
Er ist die Welt (Jagad), er kommt vom
Höchsten (Param) und hilft uns, zur
Wahrheit (Sat) zu kommen. Er ist ohne
Anfang (Adi), überall (Adwaita), bringt
Wonne (Ananda) und Wissen (Chid-
gana). Durch den Guru lernen wir, die
Täuschung (Maya) zu überwinden
(Chinmaya).

Hare Rāma Hare Rāma
Rāma Rāma Hare Hare

Hare Krishna Hare Krishna
Krishna Krishna Hare Hare

Dies wird als Maha Mantra (Großes
Mantra) für dieses Eiserne Zeitalter (Kālī
Yuga) bezeichnet. Dieses Mantra bringt
uns Freude, und Reinheit im Herzen.
Es kann auch für den Frieden in der Welt
gesungen werden. Hari ist einer der
Namen von Vishnu.

Sadguru Nātha Shrī Guru Nātha
Jaya Guru Nātha Sivānanda

Sivānanda Sivānanda
Sivānanda Sadguru Deva

Gruß dem Selbstverwirklichten (Sadguru)
Meister (Natha) Swami Sivananda.

14

Om Namah Shivāya (4×)

Dies ist das Mantra von Shiva, dem Zerstörer aller Negativitäten. Shiva symbolisiert unser wahres Selbst, das uns die Kraft gibt, unsere negativen Charaktereigenschaften zu überwinden. Das Wiederholen dieses Mantras gibt uns die Kraft, regelmäßig in unserer spirituellen Praxis zu sein. Shiva steht auch für die Überwindung von schlechtem Karma. „Namah" heißt „Verehrung dem".

Om Namo Nārāyanāya (4×)

Narayana (Vishnu) ist der Erhalter des Universums. Er ist die Verkörperung von Güte, Gerechtigkeit und Barmherzigkeit. Er repräsentiert die alldurchdringende Kraft, die das Universum und die kosmische Ordnung erhält. Vishnu ist das Prinzip des Helfens, des Dienens und der sozialen Verantwortung. Shiva ist das Sehen Gottes in unserem Innern. Vishnu ist das Sehen von Gott in allen anderen und in der Welt.

OM NAMO NĀRĀYANĀYA ist auch ein Mantra, das längere Zeit für den Frieden in der Welt wiederholt werden kann.

Om Namo Bhagavate Vāsudevāya

Vāsudeva (Krishna) gilt als achte Inkarnation Vishnus. Er war ein großer Weisheitslehrer der Menschheit, der die Bhagavad Gita verkündet hat. Krishna repräsentiert Freude, Heiterkeit und das Sehen von Gott in allem.

Om Namo Bhagavate Pāndurangāya

Pānduranga ist einer der Namen Vishnus.

Om Namo Bhagavate Sivānandāya
Om Namo Bhagavate Sadguru Nāthāya

Gruß an Sivananda, den selbstverwirklichten Meister.

Om Namo Bhagavate Vishnu Devānandāya

Gruß dem Swami Vishnudevananda (ein Schüler Swami Sivanandas)

Shrī Rām Jaya Rām Jaya Jaya Rām (2×)

Rāma gilt als die siebte Inkarnation Vishnus. Rāma repräsentiert Gerechtigkeit, das Leben nach hohen ethischen Idealen, die Spiritualisierung aller Handlungen, insbesondere der scheinbar weltlichen Handlungen.

Ānjaneya Ānjaneya Ānjaneya Pāhimām
Hanūmanta Hanūmanta Hanūmanta Rakshamām

Hanumān, auch Anjaneya genannt, ist der affengestaltige Verehrer Ramas. Er verkörpert die Kraft der Hingabe.

Dattātreya Dattātreya Dattātreya Pāhimām
Dattaguru Dattaguru Dattaguru Rakshamām

Dattātreya gilt als Inkarnation von Brahma, Vishnu und Shiva. Er ist einer der frühen Yogameister.

Shankarāchārya Shankarāchārya
Shankarāchārya Pāhimām

Adwaita Guru Adwaita Guru
Adwaita Guru Rakshamām

*Der große Meister (Acharya) Shankara
lebte im 9. Jh. n. Chr. Er war ein großer
Philosoph des Kevala Advaita Vedanta
(bedingungslose nondualistische, monis-
tische Philosophie des Absoluten).
Er war der Begründer der Orden der
Dashanami Swamis, denen Swami Sivananda angehörte.*

Shankarāchārya Shankarāchārya
Shankarāchārya Pahimām

Bhagavatpāda Bhagavatpāda
Bhagavatpāda Rakshamām

Satguru Deva Satguru Deva
Satguru Deva Pāhimām

Sivānanda Sivānanda
Sivānanda Rakshamām

*Anrufung von Swami Sivananda als
großem Weisheitslehrer*

Gangārāni Gangārāni
Gangārāni Pahimām
Bhāgirathi Bhāgirathi
Bhāgirathi Rakshamām

Om Shakti Om Shakti Om
Shakti Pāhimām

Brahma Shakti Vishnu Shakti
Shiva Shakti Rakshamām

Om Ādi Shakti Mahā Shakti
Parā Shakti Pāhimām

Icchā Shakti Kriyā Shakti
Jnāna Shakti Rakshamām

Rāja Rājeshwari Rāja Rājeshwari
Rāja Rājeshwari Pāhimām

Tripura Sundari (3×)
Rakshamām

Krishnam Vande
Jagad Gurum Shrī
Krishnam Vande
Jagad Gurum
Gruß an Krishna, den Weltenlehrer.

Ānandoham Ānandoham
Ānandambrahmānandam
*Ich bin Wonne. Ich bin Wonne.
Absolute Wonne, Wonne bin ich.*

Sacharā Chara Pari Purna Shivoham
Nityānanda Swarūpa Shivoham
Ānandoham Ānandoham
Ānandambrahmānandam
Sākshi Chaitanya Kūtasthoham
Nityā Nityā Swarūpa Shivoham
Ānandoham Ānandoham
Ānandambrahmānandam

*Meine wahre Natur ist unsterblich, ewig,
rein, unendlich. Ich bin reines Bewusstsein, unbeteiligter Beobachter von allem.
Ich bin Shiva, eins mit dem Göttlichen.*

Om Tat Sat Om Tat Sat
Om Tat Sat Om
Om Shāntih Om Shāntih
Om Shāntih Om

Om Namah Shivāya
Shivāya Namah Om
Namah Shivāya
Shiva Shiva Shiva Shiva
Shivāya Namah Om
Hara Hara Hara Hara
Namah Shivāya
Sāmba Sadāshiva
Sāmba Sadāshiva
Sāmba Sadāshiva
Sāmba Shivom Hara
Shiva Shiva Shankara
Hara Hara Shankara

Jaya Jaya Shankara
Namāmi Shankara
Shivāya Namah Om
Shivāya Namah Om
Shivāya Namah Om
Namah Shivāya
Om Namah Shivāya

4. Namah Kirtan

Om Namo Nārāyanāya

Dieses Mantra wird insbesondere für den Frieden der Welt gesungen. Du kannst Dir bei der Wiederholung dieses Mantras vorstellen, dass du Schwingungen der Liebe, der Harmonie und des Friedens in alle Richtungen schickst.

Om Shrī Durgāyai Namah

Anrufung der Energie Durgas, der selbstlosen Liebe.

Om Namo Bhagavate Sivānandāya

Anrufung der Energie des Yogameisters Swami Sivananda

Om Hrīm Shrīm Klīm Krishnāya Govindāya Gopijana Vallabhāya

Om Aim Hrīm Klīm Chāmundāye Vicche Namaha

Dies ist das Shakti Mantra, das alle Chakras (Energiezentren im Astralkörper) anregt und harmonisiert.

Om Aim Tripura Devyai Cha Vidmahe Klīm Kāmeshwaryai Cha Dhimahi Saum Tannah Kline Prachodāyat

Anrufung verschiedener Aspekte wie Saraswati (Weisheit, Kreativität) und Lakshmi (Schönheit, Wohlergehen, Wohlstand auf allen Ebenen, Mitgefühl)

Om Namo Nārāyanāya Dāsoham Tava Keshava

Om Hrīm Namah Shivāya

Mantra von Shiva und Durga, der entsprechende weibliche Aspekt.

Om Shāntih Shāntih Shāntih Om Frieden Frieden Frieden

Shanti heißt Frieden. Wir wiederholen Shanti drei Mal, um die Schwingung des Friedens in die physische, astrale und kausale Welt zu tragen.

Lieder von Swāmi Sivānanda

Swami Sivananda lebte von 1887-1963. Nach einer erfolgreichen Karriere als Arzt entsagte er der Welt, praktizierte intensiv Yoga und Meditation und erreichte die Gottverwirklichung. Dann widmete er sein Leben der Erweckung und Anleitung der spirituellen Sucher. Er schrieb mehr als 300 Bücher.

Besonders inspirierend sind die von ihm komponierten Lieder. Wenn die Menschen seiner kraftvollen Stimme lauschten, fühlten sie einen tiefen inneren Frieden und große Kraft.

Noch heute spüren viele, die Swami Sivanandas Lehren praktizieren, seine Energie, Führung, Liebe und Gnade.

Swami Sivananda

50. Sunāja

Sunāja Sunāja Sunāja Krishnā
Tū Gitā Wālā Jnāna Sunāja
Krishnā
Pilāja Pilāja Pilāja Krishnā
Tū Prema Bhara Pyāla Pilāja
Krishnā
Dikhāja Dikhāja Dikhāja Krishnā
Tū Mohan Mūrti Dikhāja Krishnā
Sunāja Sunāja Sunāja Krishnā
Tū Gitā Wālā Jnāna Sunāja
Krishnā
Chidānand, Chidānand
Chidānanda Hūm
Hara Hāla Me Almasta
Sacchidānanda Hūm

51. Chidānanda

Chidānand, Chidānand
Chidānanda Hūm
Hara Hāla Me Almasta
Sacchidānanda Hūm

Knowledge Bliss, Knowledge
Bliss, Bliss Absolute
In All Conditions I am
Knowledge, Bliss Absolute

Ajarānand Amarānand
Achalānanda Hūm
Hara Hāla Me Almasta
Sacchidānanda Hūm

I am without old age,
without death, without motion
In All Conditions I am
Knowledge Bliss Absolute
I am without fear, without worry

Bliss Absolute, Existence
Absolute, Knowledge Absolute
Independent, unchanging
Non-dual Atman
Immortal Atman,
Adwaita Atman
Eternal, Pure, Perfect
Knowledge Absolute,
Bliss Absolute,
Existence Absolute

52. Chidānanda
Deutsche Übersetzung

Wissen, Wonne, Wissen, Wonne,
absolute Wonne.
Absolutes Wissen, Wonne
bin ich jederzeit.
Jenseits von Veränderung,
Krankheit und Tod
Absolutes Wissen, Wonne
bin ich jederzeit

53. Serve Love Give
Purify Meditate Realize

Serve, love, give, purify,
meditate, realize.
Be good, do good,
be kind, be compassionate.
Adapt, adjust, accommodate.
Bear insult, bear injury,
highest Sadhana.
Bear insult, bear injury,
highest Yoga.
Enquire „Who am I?"
Know Thy Self and be free.
Om Tat Sat, Om Tat Sat,
Om Tat Sat Om.

Om Shāntih, Om Peace,
Om Shalom Om
Brahman is the only real entity.
Mr So-and-so is a false
non-entity.
You cannot attain this in the
university.
By Yoga Sadhana you can
attain immortality.

54. Serve Love Give
Deutsche Übersetzung

Diene, liebe, gib, reinige dich,
meditiere und verwirkliche.
Sei gut, tue Gutes, sei mitfühlend.
Versöhne dich, sei flexibel
und geh' auf andere ein.
Trage Kränkung, trage
Schmähung, höchstes Yoga.
Trage Kränkung, trage
Schmähung, höchstes Sadhana.
Frag' „Wer bin ich?",
erkenn' Dein Selbst und sei frei.
Om Tat Sat Om Tat Sat
Om Tat Sat Om
Om Shāntih Om Shalom
Om Frieden Om
Brahman ist die einzige
Wirklichkeit.
Herr So-und-So ist eine falsche
Nicht-Identität.
Du erreichst das nicht
an der Universität.
Durch Yoga Sadhana
erreichst du Unsterblichkeit.

55. Song of Eighteenities

Serenity, regularity, absence
of vanity.
Sincerity, simplicity, veracity.
Equanimity, fixity, non-irritability.
Adaptability, humility, tenacity.
Integrity, nobility, magnanimity.
Charity, generosity, purity.
Practise daily these eighteenities.
You will soon attain immortality.
You'll abide in eternity
and infinity.
You'll behold unity in diversity.
Brahman is the only real entity.
Mr So-and-so is a false non-entity.
You cannot attain this in the
university.
By Yoga Sadhana you can attain
immortality.
(Übersetzung siehe 63.)

56. Is There Not a Nobler Mission

Is there not a nobler mission
than eating, drinking
and sleeping?
It is difficult to get a human
birth, therefore try your best
to realize in this birth.
When your throat is choked
at the time of death, who will
help you for your salvation?
Time sweeps away kings and
barons. Where is Napoleon?
Where is Nehru?
Time sweeps away presidents
and prime ministers.

Where is Gandhiji?
Where is Kennedy?
How can you expect real Shanti,
if you waste your time,
in cards and cinemas?
In cards and novels?
In scandal backbiting?
In idle gossiping?
Be up and doing Yogic Sadhana,
you will attain immortality.
Be up and doing Japa
and meditation,
you will attain supreme peace.
Be up and doing Asana
and Pranayam,
you will attain supreme health.

57. Is There Not a Nobler Mission

Deutsche Übersetzung

Hat das Leben nicht einen
höheren Sinn als essen,
trinken und schlafen?
Menschliche Geburt
ist ein wertvolles Gut,
daher streng dich an,
dich zu verwirklichen.
Wenn du im Tod den Geist
aufgibst, wer wird da sein
zu Deiner Rettung?
Zeit fegt Fürsten und Könige weg.
Wo ist Napoleon, wo ist Nehru?
Zeit fegt Kanzler und Präsi-
denten weg. Wo ist Adenauer,
wo ist Gandhi?
Wie kannst du den wahren
Frieden finden,

wenn du Deine Zeit
mit Spiel und Klatsch vertust?
Wenn du Deine Zeit vor dem
Fernseher vertust, mit Kino,
Radio, Romanen, Zeitung?
Wach auf und übe Yoga Sadhana,
du wirst Dein Selbst
verwirklichen.
Wach auf und übe Japa
und Meditation, du wirst
höchsten Frieden finden.
Wach auf und übe Asanas,
Pranayama, du wirst gesund
und dynamisch sein.
Wach auf und übe Yoga Sadhana,
du wirst höchste Wonne finden.

58. Song of Will - Soham

Bhajo Rādhe Krishna,
Bhajo Rādhe Shyāma (2×)
Om Om Om Om Om Om Om
Om Om Om Om Om (2×)
Soham, Soham, Soham
Shivoham (2×)
I am that I am, I am that I am (2×)
I am neither body nor mind,
immortal Self am I (2×).
Nothing can harm me,
nothing can touch me,
I'm neither body nor mind,
immortal Self am I.
I am not this body,
this body is not mine.
I am not this mind,
this mind is not mine.
I am not this Prana,
this Prana is not mine.

I am not these senses,
these senses are not mine.
I am not this intellect,
this intellect is not mine.
I am not these emotions,
these emotions are not mine.
I am that I am, I am that I am
I am that I am, I am that I am.
I am witness of three states,
Existence Absolute,
I am witness of three states,
Knowledge Absolute.
I am witness of three states,
Bliss Absolute.
I am witness of three states,
Bliss Absolute.
I am Sacchidānanda,
I am Sacchidānanda,
Existence, Knowledge,
Bliss Absolute.
I am mind of all minds,
Prana of all Pranas.
I am Soul of Souls, Self of all Selves.
I am Atman in all Beings,
apple of all eyes.
I am sun of all suns,
light of all lights.
I am Pranava of all Vedas,
Brahman of Upanishads.
I am silence in forests,
thunder in all clouds.
I am velocity in electrons,
motion in science.
I am effulgence in the sun,
wave in the radio.
I am support of this world,
soul of this body,

I am ear of all ears, eye of all eyes.
I am power in electricity,
intelligence in mind,
I am brilliance in fire,
penance in ascetics.
I am reason in philosophers,
will in Jnanis,
I am Prem in Bhaktas,
Samadhi in Yogis.
Bhajo Rādhe Krishna
Bhajo Rādhe Shyāma
Bhajo Rādhe Krishna
Bhajo Rādhe Shyāma
Will is Atmabal, Will is dynamic.
Have a strong will
and realize Atman.
Your will has become weak
through various desires.
Destroy them to the root
by Vivek Vairag Tyag.
My will is powerful,
I can blow up mountains.
I can stop the ocean waves.
I can command elements.
I can command Nature.
I am one with the Cosmic Will.
I can dry up the ocean
like Muni Agastya.
My will is pure and strong,
no one can resist.
I can influence people.
I always get success.
I am whole and hearty.
I am always joyful.
I radiate joy and peace
to a million distant friends.
I am Yogi of Yogis,

I am emperor of emperors.
I am King of all Kings,
Shah of all Shahs.
I can heal millions
from a long distance.
This is due to will,
therefore develop attention.
Develop patience
and have command of temper.
Control the Indriyas
and practice meditation.
Have power of endurance
and practice self control.
All these will help you
to develop your will.

59. Soham
Deutsche Übersetzung

Soham Soham, Soham Shivoham
Soham Soham, Soham Shivoham
Bhajo Rādhe Krishna
Bhajo Rādhe Shyāma

Ich bin das ich bin,
ich bin das ich bin.
Ich bin weder Körper noch Geist,
unsterbliches Selbst bin ich.
Ich bin nicht dieser Körper,
dieser Körper ist nicht mein.
Ich bin nicht dieser Geist,
dieser Geist ist nicht mein.
Ich bin nicht dieses Prana,
dieses Prana ist nicht mein.
Ich bin nicht diese Sinne,
diese Sinne sind nicht mein.
Ich bin nicht dieser Intellekt,
dieser Intellekt ist nicht mein.

Ich bin nicht die Gefühle,
diese Gefühle sind nicht mein.
Ich bin Sat Chid Ānanda
Sat Chid Ānanda,
Sein, Wissen und Glückseligkeit.
Ich bin der Geist aller Geister,
das Prana allen Pranas.
Ich bin die Seele der Seelen,
Das Selbst allen Selbsts.
Ich bin Atman in allen Wesen,
Augapfel aller Augen.
Ich bin die Sonne aller Sonnen,
das Licht aller Lichter.
Ich bin das Pranava der Veden,
Brahman der Upanishad.
Ich bin die Stille in den Wäldern,
der Donner in den Wolken.
Ich bin die Geschwindigkeit
in Elektronen,
Bewegung in der Wissenschaft.
Ich bin der Glanz in der Sonne,
die Welle im Radio.
Ich bin Träger dieser Welt,
Seele dieses Körpers.
Ich bin Ohr aller Ohren,
Auge aller Augen.
Ich bin die Kraft der Elektrizität,
Intelligenz im Geist.
Ich bin das Leuchten im Feuer,
die Kasteiung im Asketen.
Ich bin die Vernunft der
Philosophen, Wille der Jnanis.
Ich bin Prem in Bhaktas,
Samādhi der Yogis.

Bhajo Rādhe Krishna (4×)

Wille ist Atmabal,
Wille ist dynamisch.
Entwickle einen starken Willen
und erkenne Dein Selbst.
Dein Wille ist geschwächt
durch Wünsche und Begierden.
Zerstöre sie an der Wurzel
durch Vivek Vairag Tyag.
Mein Wille ist machtvoll,
kann Berge versetzen,
kann die Natur beherrschen,
ich bin eins mit dem Kosmischen.
Mein Wille ist rein und stark,
nichts steht ihm entgegen.
Ich kann Menschen führen,
ich habe stets Erfolg.
Ich bin heiter und glücklich.
Ich bin immer guter Dinge.
Ich strahle Freude und Frieden
zu Freunden in der ganzen Welt.
Ich bin der Yogi der Yogis,
ich bin der Kaiser der Kaiser.
Ich bin der König der Könige,
der Fürst aller Fürsten.
Ich kann Millionen Menschen
von weitem heilen.
Das kommt von meinem
starken Willen.
Entwickle Geduld
und beherrsche Dein Gemüt.
Kontrolliere die Sinne
und meditiere.
Entwickle Ausdauer
und übe Selbstbeherrschung.
All dies wird dir helfen
zu großer Willenskraft.

60. Song of Salutation

Rāmā Rama Ramā Ramā Rāmā
Rāmā Rāmā Ramā Rama
Shrī Rāmā Rāmā Rāmā
Jaya Jaya Rāmā
Rāmā Rama Ramā Rāmā
Rāmā Rāmā Ramā Sītā Rāmā

He who dwells in the heart of
Bhaktas,
He who destroyed Lankā Rāvan,
He who ate the fruit of Shabari,
to him I give my salutations.
Rāmā Rama Ramā ...
He who dwells in Vrindāvan
Dhāma,
He who destroyed the demon
Kamsa,
He who ate the grain of Sudāma,
To him I give my salutations.
Shyāmā Shyāma Shyāma ...
Rādhe Shyāmā
He who dwells in mount Kailash,
He who is called Tripurāri,
He who drank the cup of poison,
To him I give my salutations.
Rāmā Rama Ramā ...
He who dwells in the Holy Land,
He who is called Jesus the Christ,
He who taught on the shores of
Galilee,
To him I give my salutations.
Rāmā Rama Ramā ...
He who dwelt in Ānanda Kutir,
he who is Swami Sivānanda,
He who is our beloved Gurudev,
To him I give my salutations.
Rāmā Rama Ramā ...

*„Hänge nicht an diesem vergänglichen Körper.
Er ist wie eine Kokosnussschale oder ein Kopf-
kissenüberzug. Denke immer an den Innewoh-
nenden, den ewigen Gott, Atman, Dein wahres
Selbst. Erkenne, dass du eins bist mit Gott!
Alle Furcht wird verschwinden."*

~ Swami Sivananda

61. Song of Salutation
Deutsche Übersetzung

Rāmā Rama Ramā Rama Rāmā
Rāmā Rāmā Rāmā Rama
Shrī Rāmā Rāmā Rāmā
Jaya Jaya Rāmā

Rāmā Rama Ramā Rama
Rāmā Rāmā Rāmā Sītā Rāmā

Er wohnt im Herzen aller Bhaktas,
Er besiegte den Lanka Ravan,
Er aß das Obst der Shabari,
Vor ihm verneige ich mich
zum Gruß.

Er wohnt in Vrindavana,
Er besiegte den Dämon Kamsa,
Er aß die Körner von Sudama,
Vor ihm verneige ich mich
zum Gruß.
Er wohnt am Berge Kailash,
Man nennt ihn Tripurari,
Er trank den gift'gen Becher,
Vor ihm verneige ich mich
zum Gruß.
Er wohnt im Heil'gen Land Israel,
Man nennt ihn Jesus Christus,
Er lehrte am Ufer Galiläas,
Vor ihm verneige ich mich
zum Gruß.
Er wohnt in Ananda Kutir,
Er heißt Swami Sivananda,
Er ist unser geliebter Gurudev,
Vor ihm verneige ich mich
zum Gruß.
Rāmā Rama Ramā ...

62. Jisa Hāla Me

Jisa Hāla Me, Jisa Desha Me
Jisa Vesha Me Raho
Rādhā Raman Rādhā Raman
Rādhā Raman Kaho
Jisa Karma Me
Jisa Dharma Me
Jisa Marma Me Raho
Rādhā Raman Rādhā Raman
Rādhā Raman Kaho
Jisa Yoga Me,
Jisa Roga Me
Jisa Bhoga Me Raho
Rādhā Raman Rādhā Raman
Rādhā Raman Kaho

63. Song of the Eighteenities
Deutsche Übersetzung

Heiterkeit, Regelmäßigkeit,
Fehlen von Eitelkeit.
Lauterkeit, Einfachheit,
Wahrhaftigkeit.
Gleichmut, Beständigkeit,
Fehlen von Reizbarkeit.
Anpassungsfähigkeit,
Bescheidenheit, Zähigkeit.
Rechtschaffenheit, Vornehmheit,
Großmut.
Wohltätigkeit, Großzügigkeit,
Reinheit.
Übe täglich diese Achtzehnheiten.
Bald wirst Du Unsterblichkeit
erlangen.
Du wirst in Ewigkeit fortdauern.
Du wirst die Einheit in der
Vielheit erschauen.
Brahman ist die einzige echte
Weseneheit.
Herr So-und-so ist eine
falsche Wesenheit.
Du kannst dies nicht in der
Universität erlangen.
Durch Yoga-Praxis
kannst Du Unsterblichkeit
erlangen.

Vishnu Kirtans

Im hinduistischen Pantheon ist Vishnu der Erhalter des Universums. Er verkörpert die Eigenschaften Barmherzigkeit, Güte und die alles durchdringende Kraft, die das Universum und die kosmische Ordnung bewahrt und aufrecht erhält. Er steht für das Gleichgewicht zwischen Schöpfung und Zerstörung.

In seinen linken Händen hält er die Symbole der Schöpfung: den Lotos als Symbol für die Materie unseres Universums, und das Muschelhorn als Symbol der subtilen Schöpferenergie. In seinen rechten Händen hält er die Symbole der Zerstörung: die Keule als Symbol materieller Zerstörung, und den Diskus als Symbol feinstofflicher zerstörerischer Energie. Vishnu verwendet all diese Gegenstände, um Rechtschaffenheit zu bewahren und dem Sucher auf seinem Weg zur Vollendung zu helfen. Vishnu inkarniert sich viele Male, um die Erde zu schützen und Segnungen auf uns herabzugießen.

100. Nārāyana

Nārāyana Nārāyana
Jaya Govinda Hare

Nārāyana Nārāyana
Jaya Gopāla Hare

101. Rāmakrishna Hari

Rāmakrishna Hāri
Mukunda Murāri

Pānduranga Pānduranga
Pānduranga Hāri

102. Lakshmī Nārāyana

Shrīman
Nārāyana Nārāyana Nārāyana

Lakshmī
Nārāyana Nārāyana Nārāyana

Sītā Rāma Kaho
Rādhe Shyāma Kaho

Sītā Rāma Kaho
Jaya Rādhe Shyāma Kaho

Sītā Rām Jaya
Rādhe Shyām

103. Hari Nārāyana Govindā

Hari Nārāyana Govindā
Jaya Jagan Nārāyana Govindā
Govindā Govindā

104. Hari Bol

Hari Bol Hari Bol Hari Hari Bol
Keshava Mādhava Govinda Bol
Gopāla Bol Govinda Bol

Shiva Bol Shiva Bol
Shiva Shiva Bol

Shiva Shankara
Shrī Mahādeva Bol
Nilakantha Bol Mahādeva Bol

105. Hari Narāyana

Hari Nārāyana
Hari Nārāyana
Hari Nārāyana Hari

Rām Rām Rām
Ayodhya Vāsi Shrī
Rāmachandra

Ānanda Rūpa Jaya Jaya Rām

106. Hari Sharanam

Hari Sharanam
Shiva Sharanam
Ram Sharanam
Prabhu Krishna Sharanam

107. Nārāyana Hari Om

Nārāyana Hari Om
Satya Nārāyana Hari Om
Govinda Krishna Hari Om
Gopala Krishna Hari Om

108. Sri Nrisimha Maha-Mantra

Ugram viram maha-vishnum
Jvalantam sarvato mukham
Nrisimham bhishanam bhadram
Mrityur mrityum namamy aham

Namas te narasimhaya
Prahladahlada-dayine
Hiranyakashipor vakshaha
Shila-tanka-nakhalaye

Ito nrisimha parato nrisimho
Yato yato yami tato nrisimhah
Bahir nrisimho hridaye
nrisimho
Nrisimham adim sharanam
prapadye

Krishna Kirtans

Krishna ist die 8. Inkarnation von Vishnu. Sein Zweck war es, auf der Erde die göttliche Ordnung wiederherzustellen. Dies tat er, indem er die Bhagavad Gita als Kodex für richtiges Verhalten niederlegte.

Sein Leben ist ein leuchtendes Beispiel für gelebte Bhagavad Gita. Als Kind erfreute er alle durch seine Streiche und Wunder. Als Heranwachsender gewann er das Herz aller durch sein Flötenspiel. Die Flöte symbolisiert den Klang der Seele, mit dem Gott, unser eigenes Selbst, uns anruft, uns nach innen zu wenden. Sie symbolisiert auch, dass wir leer wie eine Flöte werden müssen, wenn wir zu Gottes Instrument werden wollen: frei von allem Egoismus.

„Nicht mein Wille sondern Dein Wille geschehe, oh Gott." Krishna tötete zahlreiche Dämonen (Asuras, unsere schlechten Eigenschaften) und erschien immer im Moment der Not.

Während Rama Mensch als Gott ist, ist Krishna Gott als Mensch. In ihm findet sich höchste Erkenntnis und die Verkörperung göttlicher Liebe.

150. Rādhā Krishnā

Rādhā Krishnā Kārunā Lolā
Rādhe Govindā

Rādhe Govindā Murāli Govindā

Rādhe Rādhe Govindā Murali Gopālā

Rādhe Govindā Murali Gopālā

151. Krishna Govinda

Krishna Govinda Govinda Gopālā

Krishna Murāri Manohara Nandalālā

152. Hari Hari Bol

Hari Hari Bol Hari Hari Hari Bol
Keshava Mādhava Govindā Bol

Shrī Krishna Govinda
Hare Murāre
Hey Nātha Nārāyana Vāsudeva

(Gopāla Bol Govinda Bol
Shiva Bol Shiva Bol Shiva Shiva Bol
Shiva Shankara Shrī Mahādeva Bol
Nilakantha Bol Mahādeva Bol.
Shiva Shiva Bol
Shiva Shiva Shiva Bol
Shiva Shankara Shrī Mahādeva Bol)

153. Govinda Nārāyana

Govinda Nārāyanā Gopāla
Nārāyanā
Govinda Gopāla Nārāyanā
Hari Govindā Gopāla Nārāyanā
Govinda Nārāyanā
Gopala Nārāyanā
Hari Govindā Ananda Nārāyanā
Sai Govindā Gopāla Nārāyanā

154. Rādhe Bolo

Rādhe Rādhe Rādhe Bolo
Rādhe Govinda Bolo

Shiva Shiva Shiva Bolo
Shiva Shankara Bolo

Vishnu Vishnu Vishnu Bolo
Vishnu Nārāyana Bolo

155. Shrī Krishna Govinda

Shrī Krishna Govinda Hare Murāre
Hey Nātha Nārāyana Vāsudeva

Gurudev Gurunāth Sharanam
Mama Om

156. Yamunā Tīra Vihāri

Yamunā Tīra Vihāri
Vrindāvana Sanchāri

Govardhana Giri Dhāri
Gopālā Krishna Murāri

Dasharatha Nandana Rām Rām
Dashamukha Mardana Rām Rām

Pashupati Ranjana Rām Rām
Pāpa Vimochana Rām Rām

Mani Maya Bhūshana Rām Rām
Manjula Bhāshana Rām Rām

Rana Jaya Bhīshana Rām Rām
Raghu Kula Bhūshana Rām Rām

157. Govinda Jaya Jaya

Govinda Jaya Jaya
Gopāla Jaya Jaya
Rādhā Ramana Hari
Govinda Jaya Jaya

158. Hey Hey Govindā

Hey Hey Govindā
Hey Hey Gopālā

Hey Vāsudeva Hey Nityānandā

Shrī Rādhe Rādhe Rādhe
Rādhe Rādhe Rādhe Shyāma

Chandrashekhara ...
Pāhimām
Chandrashekhara ...
Rakshamām

Shiva Shankara ...
Pāhimām
Shiva Shankara ...
Rakshamām

Gurudev Sivānanda ...
Pahimām
Gurudev Sivānanda ...
Rakshamām

159. Hey Govindā

Hey Govindā Hey Gopālā
Murali Manohara Nandalālā

160. He Rādhe

He Rādhe Rādhe Rādhe Shyām
Govinda Rādhe Shrī Rādhe

Govinda Rādhe Rādhe Shyām
Gopāla Rādhe Rādhe Shyām

161. Krishna Keshava Pāhimām

Krishna Keshava
Krishna Keshava
Krishna Keshava Pāhimām

Krishna Keshava
Krishna Keshava
Krishna Keshava Rakshamām

Raghu Rām Raghu Rāma ...
Pāhimām
Raghu Rām ... Rakshamām

162. Bānsurī

Bānsuri Bānsurī Bānsurī
Shyāmaki

He Rāmā ... He Krishnā ...
He Jesus ... He Buddhā ...

O my Lord, ... be with me
O my Lord, ... set me free

O mein Gott, ... steh mir bei,
O mein Gott, ... mach' mich frei.

163. Rādhe Rādhe Govindā

Rādhe Rādhe Govindā Rādhe
Rādhe Rādhe Govindā Rādhe

Jaya Rādhe Rādhe Rādhe
Jaya Jaya Jaya Sri Radhe

164. Bhajo Rādhe Govindā

Rādhe Rādhe Govindā
Gopālā Terā Pyārā Nāma Hai
Gopāla Terā Pyārā Nāma Hai
Nanda Lālā Terā Pyārā Nāma Hai.

165. Rādhe Rādhe Govindā

Rādhe Rādhe Rādhe Rādhe
Rādhe Govindā

Vrindāvana Chandra
Anātha Nātha Dīna Bando
Rādhe Govindā

Pandarinātha Pānduranga
Rādhe Govinda

Vrindāvana Chandra
Anātha Nātha Dīna Bandho
Rādhe Govindā

166. Jaya Rādhā Mādhava

Jaya Rādhā Mādhava
Kunjabihāri

Jaya Gopijanavallabha
Girivaradhāri

Yashodanandana brajajanaranjana
Yamunātīravanachāri

167. Govinda Hare

Govinda Hare, Gopāla Hare
Shrī Krishna Hare (2×)

Jay Bābā Jay Jay Bābā Jay
Om Sai Rām Om Sai Rām

168. Hari Harāye Nāmah Krishna

Hari Harāye Nāmaha
Krishna Yādavāya Namaha

Yādavāya Mādhavāya
Keshavāya Namah

Gopālā Govinda Rām
Shrī Mādhusudan

Giridhāri Gopinātha
Mādana Mohan

169. Achyutāstakam

von Shrī Shankarāchārya

Achyutam Keshāvam
Rāma Nārāyanam
Krishna Dāmodaram
Vāsudevam Harim
Shrī Dharam Mādhavam
Gopikā Vallabham
Jānaki Nāyakam
Rāmachandram Bhaje
Achyutam Keshāvam
Satyabhā Mādhavam
Mādhavam Shrī Dharam
Rādhikā Rādhitam
Indirā Mandiram Chetasā
Sundaram
Devakīnandanam Nandajam
Sandadhe
Vishnave Jishnave Shankhine
Chakrine
Rukminīrāgine Jānakījānaye
Vallavīvallabhāyārchitāyātmane
Kamsavidhvansine Vanshine
Te Namah

Krishna Govinda
He Rāma Nārāyanā
Shrīpate Vāsudevājitā Shrīnidhe
Achyutānanta He
Mādhavādhokshajā
Dvārakānāyakā
Draupadīrakshakā
Rākshasakshobhitah Sītayā
Shobhito
Dandakāranyabhū Punyatā
Kāranah
Lakshmanenānvito Vānaraih
Sevito
Agastya Sampūjitorāghavah
Pātu Mām
Dhenukāristakānishtakridveshiā
Keshihā Kamsah
ridvanshikāvādakah
Pūtanākopakah Sūrajākhelano
Bālagopālakah Pātu Mām
Sarvadā
Vidyududyotavat
Prasphuradvāsasam
Prāvridambhodavat
Prollasadvigraham
Vanyayā Mālayā
Shobhitorahsthalam
Lohitānghridvayam
Vārijāksham Bhaje
Kunchitaih Kuntalairbhrāja
mānānanam
Ratnamaulim Lasatkundalam
Gandayoh
Hārakeyūrakam Kankana
projjvalam
Kinkinīmanjulam
Shyāmalam Tam Bhaje

Achyutasyāshtakam Yah
Pathedishtadam
Prematah Pratyaham
Pūrushah Saspriham
Vrittatah Sundaram
Kartrivishvambharam
Tasya Vashyo Harirjāyate
Satvaram

170. Natavara Lāla

Refrain:
Natavara Lāla Giridhara Gopāla
Jaya Jaya Nandā Yashodā Ke Bāl

Sāra Sāra Sabake Sāra
Rādha Rasika Vara Rāsa Vihāra

Sphatika Sphatika Maya Gopi
Mandala Dhām

Gopi Gopi Madhya Marakata
Shyāma

Dhanya Dhanya Vraja Gopi
Dhanya Ho

Dhanya Vrindāvana Kunja
Dhanya Ho

Vraja Mriga Khaga Sab Dhanya
Dhanya Ho

Vraja Raja Yamunā Pulina
Dhanya Ho

Sharada Pūrnima Nirmala
Yamunā
Adbhuta Rāsa Mahotsav
Anupama

Sāra Sāra Sabake Sāra
Rādha Rasika Vara Rāsa Vihāra

171. Gopālā Gopālā

Gopālā Gopālā
Gokulanandana Gopālā
... Devaki Nandana ...
... Navanita Chorā ...
... Venu Vilolā ...
(... yadukula tilakā ...)
(... yādava nandana ...)
(... vijaya gopālā ...)
(... rādhā vallabha ...)
(... nanda kumārā ...)
... Joy of the Universe ...

172. Krishnāya Govindāya

Om Hrīm Shrīm Klīm
Krishnāya Govindāya
Gopijana Vallabhāya

173. Hey Nanda Nanda Gopālā

Hey Nanda Nanda Gopālā
Ānanda Nanda Gopālā (2×)
Hey Nanda Nanda
AnandaNanda
Yadu Nanda Nanda Gopālā

*Oh (Hey) Gopala, geliebter Sohn Deines
Pflegevaters Nanda. Du bist Krishna,
der Schützer der Kühe (Gopāla). Du be-
schenkst uns mit Glückseligkeit (Ananda).
Du bist reine Glückseligkeit. Du bist der
freudebringende (Nanda) Nachkomme
aus dem Geschlecht des Königs Yadu.*

174. Hey Nātha Nārāyana Vāsudeva

Hey Nātha Nārāyana Vāsudeva

175. Nanda La La

Nanda La La Navanitachora
Natavara La La Gopala

Devaki Vāsudeva Kumara

Deva Deva Gopālā

Hari Deva Deva Goplālā

176. Mādhava Murahara

Mādhava Murahara
Madhura Manohara
Giridhara Gopālā
He Giridhāra Gopālā
He Giridhāra Gopālā
He Giridhāra Gopālā

177. Murali Krishna

Murali Krishna
Mukunda Krishna
Mohana Krishna
Krishna Krishna

Gopi Krishna Gopālā Krishna
Gowardhana Dhara
Krishna Krishna

Rādhā Krishna Bala Krishna
Rasa Vilola Krishna
Rasa Vilola Krishna Krishna

178. Om Shri Krishna Jay

Om Shri Krishna Chaitanya
Prabhu Nityananda
Hare Krishna Hare Ram
Radhe Govinda

179. Jaya Shri Krishna Chaitanya

Jaya Shri Krishna Chaitanya
Prabhu Nityananda
Shri Advaita Gadadhara
Shrivasadi Gaura Bhakta Vrinda

Hare Krishna Hare Krishna
Krishna Krishna Hare Hare
Hare Rama Hare Rama
Rama Rama Hare Hare

180. Hey Govinda Hey Gopala

Hey Govinda Hey Gopala
Dhi Natayal Prabho Dhi
Natayal

181. Rādhe Rādhe Govindā

(Version 3)

Rādhe Rādhe Govindā
Govindā Rādhe
Rādhe Rādhe Govindā
Govindā Rādhe

182. Govinda Hare

Govinda Hare Gopāla Hare
Hey Prabhu Deena Dayala Hare

183. He Madhava

He Mādhavā Madhusudanā
Shri Keshavā Nārāyanā
Lakshmi Nārāyanā
Nārāyanā Shriman Nārāyanā
Rāma Krishna Govinda
Nārāyanā
He Mādhavā …

Shridharā Keshavā Dāmodarā
Achyutānanda He Nārāyanā
Nārāyanā Shrihari Nārāyanā
Rāma Krishna Govinda
Nārāyanā
He Mādhavā …

Namo Mādhavā Jagannāyakā
Hrishikeshavā He Nāga Shayanā
Shri Shesha Shayanā
Nārāyanā Satya Nārāyanā
Rāma Krishna Govinda
Nārāyanā
He Mādhavā …

184. Krishna Govindā Govindā

II:Krishna Govindā Govindā
Krishna Govindā Govindā:II

II:Hey Gopāla Rādhā Krishna
Govindā Govindā:II

II:Hey Gopāla Hey Gopāla:II
II:Hey Gopāaaaaaaaaaala:II

185. Hari Sharanam

Hari Sharanam Shiva Sharanam
Sri Ram Sharanam
Prabhu Krishna Sharanam

186. Nārāyana Hari Om

Nārāyana Hari Om
Satya Nārāyana Hari Om
Govinda Krishna Hari Om
Gopala Krishna Hari Om

187. Om Namo Bhāgāvate Vāsudevaya

Om Namo Bhagavate
Vasudevaya
Ram Ram Sita Ram
Ram Ram Sita Ram
Sita Ram Sita Ram
Ram Ram Sita Ram
Hari Om Namo Bhagavate
Sivanandaya

Rāma Kirtans

Rāma ist die 7. Inkarnation von Vishnu. Sein Zweck war es, Rechtschaffenheit und Gerechtigkeit in der Welt wiederherzustellen. Shrī Rama wird in Abbildungen immer mit seinem Bogen in der Hand dargestellt, mit dem er die Guten beschützt und Dämonen – unsere schlechten Eigenschaften – tötet.

Häufig wird er zusammen mit seiner Gemahlin Sītā (Natur) dargestellt und seinem Gefolgsmann Hanumān, dem Affengott. Hanumān symbolisiert den menschlichen Geist, der am leichtesten durch völlige Hingabe an Gott und beständiges Wiederholen Seiner Namen beherrscht wird.

Rāma lehrt beispielhaft, wie man ein ideales Leben in dieser Welt führt. Er ist in allen Aspekten der perfekte Mensch: als Herrscher, als Ehemann, als Sohn, Vater und Freund.

Das große Epos „Ramayana", das von dem Weisen Valmiki geschrieben wurde, ist die Geschichte von Ramas Inkarnation auf der Erde.

Rāma, Sītā und Hanumān

200. Rāmachandra

Rāmachandra Raghu-Vīra
Rāmachandra Rana-Dhīra

Rāmachandra Raghu-Nāthā
Rāmachandra Jagannāthā

Rāmachandra Raghu Rāmā
Rāmachandra Param Dhāmā

Rāmachandra Mama Bandho
Rāmachandra Daya Sindho

201. Rāma Bolo

Rāma Bolo Rāma Bolo
Bolo Bolo Rām

Sītā Bolo Sītā Bolo Bolo Sītā Rām
Hanumān Bolo Hanumān Bolo
Bolo Hanumān

Shiva Bolo Shiva Bolo Bolo
Shiva Rām

Singe den Namen von Rāma, Sītā, Hanumān und Shiva.

202. Shrī Rām Jaya Rām

Shrī Rām Jaya Rām
Jaya Jaya Rām Om

Shrī Rām Jaya Rām Jaya Jaya Rām
Jaya Sītā Rām Jaya Jaya Hanumān
Satgurudev Sivānanda Bhagavān

203. Vīra Māruti

Lied zur Verehrung von Hanumān.

Vīra Māruti Gāmbhīra Māruti
Dhīra Māruti Āthi Dhīra Māruti
Dūta Māruti Rāma Dūta Māruti
Bhakta Māruti Parama Bhakta
Māruti

204. Ayodhya Vāsi Rām

Ayodhya Vāsi Rām Rām Rām
Dasharatha Nandana Rām Rām
Patita Pāvana Janaki Jīvana
Sītā Mōhana Rām

205. Raghu Pati Rāghava Rājā Rām

Raghu Pati Rāghava Rājā Rām
Patita Pāvana Sītā Rām

Jaya Sītā Rām Jaya Sītā Rām Jaya
Sītā Rām Jaya Rādhe Shyām

Sītā Rām Sītā Rām
Sītā Rām Jaya Rādhe Shyām

Rādhē Shyām... Jaya Rādhē Shyām

Ishwara Allāh Tere Nām
Sabako Sanmati De Bhagavān

Jesus Moses is thy name,
Love thy neighbor as thyself

Moses Buddhā... Buddhā
Allāh...

Allāh Krishnā... Krishnā Rāmā...

Rādhā Mary...

The paths are many
but the Truth is one

Love thy neighbor as thyself
The names are many
but God is one
Love thy neighbor as thyself

Deutsch:
Jesus Moses ist Dein Name,
Liebe Deinen Nächsten wie Dich selbst.
Moses Buddhā ... Allāh Krishnā ...
Rāmā Nānak ... Rādhā Maria
Der Wege sind viele,
doch die Wahrheit ist Eins.
Liebe Deinen Nächsten wie Dich selbst.
Der Namen sind viele,
doch Gott ist Eins.
Liebe Deinen Nächsten wie Dich selbst.

206. Jaya Sītā Rām

Jaya Sītā Rām Jaya Sītā Rām
Jaya Hanumān Hari Hari Bol

207. Shrī Raghunātha

Shrī Raghunātha
Jaya Raghunātha
Sharanam Sharanam
Shrī Raghunātha
Shrī Rām Jaya Rām
Jaya Jaya Jaya Rām

Verehrung dem Rama aus der Raghu-
Familie. Ich suche Schutz bei dir.

208. Tumi Bhaja

Tumi Bhaja Re Mana
Tumi Japa Re Mana
Om Shrī Rām Jaya Rām
Japa Re Mana

Lasst uns Rama verehren und seinen
Namen singen.

209. Ātmā Rāmā Ānanda Nāmā

Ātmā Rāmā Ānanda Nāmā
Ānanda Mohanā
Shrī Paramdhāmā

Māyā Virāmā Mānasa Premā
Sundara Nāmā Sagunā Bhirāmā

210. Jay Hanumān

Jay Hanumān Jay Jay Hanumān
Jay Hanumān Jay Jay Hanumān

Jay Sītā Rām Jay Jay Sītā Rām
Jay Sītā Rām Jay Jay Sītā Rām

211. Rāma Lakshmana Jānaki

Rāma Lakshmana Jānakī
Jay Bolo Hanumāna Kī

212. Jay Bajarangavali

Jay Bajarangavali
Jay Hanumana Ki
Jay Mahavira
Jay Hanuman
Jay Gurudeva Karo Kalyan

Shiva Kīrtans

„Shiva" heißt wörtlich übersetzt „der Gück Verheißende", „der Liebevolle", „der Gütige". Shiva symbolisiert die Kraft der Transformation. Shiva ist die Verkörperung der universellen Kraft der Zerstörung, die jegliche Existenz beendet und aus der jegliche Existenz neu entsteht. Er wird meistens in einer Meditationshaltung dargestellt, wobei er einen Dreizack hält und von Schlangen umwunden ist. In seinen Haaren entspringt die Göttin Ganga, die den heiligen Fluss Ganges hervorbringt.

Shiva in Meditationshaltung.

Der Dreizack symbolisiert die 3 Gunas, die 3 Eigenschaften der Natur, die Shiva beherrscht. Die Schlangen stehen auch für verschiedene niedere innere Kräfte, die Shiva beherrscht. Anstatt ihn zu vergiften, dienen sie ihm zur Zierde. Die Schlangen versinnbildlichen auch die Tatsache, dass Shiva jeden, auch den Niedersten, als seinen Verehrer willkommen heißt. Der Ganges (in Indien weiblich, „Ganga" genannt) symbolisiert die Gesamtheit der Schöpfung (Shakti), die aus Shivas Kopf herausströmt (das Sahasrara Chakra steht für das höchste unveränderliche Bewusstsein).

Manchmal tanzt Shiva als Nataraja den universellen Tanz der Schöpfung, Erhaltung und Zerstörung. Meistens sucht er die Einsamkeit für die Meditation. Dabei sitzt er auf einem Tigerfell, dem Symbol für den Sieg über die niedere Natur. Er führt die Ausrüstung eines Sadhu (eines Bettelmönchs) mit sich: die Japa Mala (Gebetskette), eine Bettelschale und den Yoga Danda (Stock). Sein weiblicher Aspekt ist Durga, die universelle Mutter.

250. Jaya Shiva Shankara

Jaya Shiva Shankara
Bham Bham Hara Hara

Hara Hara Hara Hara,
Hara Bol Hara

Shiva Shiva Shiva Shiva
Shiva Athi Sundara

Hara Hara Hara Hara
Hara Athi Sundara

He! Parameshwara Dayā Karo

251. Sāmba Sadāshiva

Sāmba Sadāshiva
Sāmba Sadāshiva
Sāmba Sadāshiva
Sāmba Shivom Hara

Om Mātā Om Mātā

Om Shrī Mātā Jagadambā
Om Mātā Om Mātā
Om Shrī Mātā Jaganmātā
Umā Parameshwari
Shrī Bhuvaneshwari
Ādi Parā Shakti
Devi Maheshwari

252. Hara Hara Mahādeva

Hara Hara Mahādeva Shambho
Kāshī Vishwanātha Gange

253. Shambho Mahādeva

Shambho Mahādeva
Chandra Chūdā
Shankara Sāmba Sadāshiva
Gangā Dhara Hara Kailāsa Vāsā
Pāhimām Parvati Ramanā

254. Natarāja

Natarāja Natarāja
Sivānanda Natarājā
Shivarājā Shivarājā
Shivarājā

255. Shiva Shiva Mahādeva

Shiva Shiva Mahādeva
Namah Shivāya Sadāshivā
Shiva Shiva Mahādeva
Namah Shivāya Sadāshivā
Kālī Kālī Mahāmāyā
Namah Kālīke Namo Namah
Durgā Durgā Mahāmāyā

Namah Durgāyai Namo Namah
Eventuell weitere Verse:

Guru Maharāj Gurudeva
Guru Maharāj Gurudeva
Guru Maharāj Gurudeva
Satguru Sivānandā
Hare Rāma Hare Rāma
Rāma Rāma Hare Hare
Hare Krishna Hare Krishna
Krishna Krishna Hare Hare
Nārāyana Hari Nārāyana Hari
Nārāyana Hari Om
Om Hari ... Om Krishna ...
Om Devi ... Om Jesus ...
Bhagāvan Shrī Sivānanda (...)
Bhagāvan Shrī Sivānanda Om
Om Aim Hrīm Klīm...

256. Shivāya Namah Om

Shivāya Namah Om
Shivāya Namaha
Shivāya Namah Om
Namah Shivāya
Om Namah Shivāya
Om Namah Shivāya
Om Namah Shivāya
Om Namah Shivāya
Shiva Shiva Shiva Shiva
Shivāya Namah Om
Hara Hara Hara Hara
Namah Shivāya
Sāmba Sadāshivā

Sāmba Sadāshivā
Sāmba Sadāshivā
Sāmba Shivom Hara

Shiva Shiva Shankara
Hara Hara Shankara

Jaya Jaya Shankara
Namāmi Shankara

Shivāya Namah Om
Shivāya Namaha

Shivāya Namah Om
Namah Shivāya

257. Subrahmanya

Subrahmanya Subrahmanya
Sharavanabhava Subrahmanya

Sivānanda Sivānanda
Sadguru Deva Sivānanda

258. Shivāya Parameshwarāya

Shivāya Parameshwarāya
Chandrashekharāya
Namah Om

Bhavāya Guna Sambhavāya
Shiva Tāndavāya
Namah Om

Ich verneige mich vor Shiva, dem höchsten Gott, der den aufgehenden Mond auf seiner Stirn trägt. Ich verneige mich vor Shiva, der durch seinen Tanz die Eigenschaften der Natur (Gunas) erzeugt und zerstört.

259. Shiva Ārati

Pārvati Pataye Hara Hara Mahadev

Om Jaya Gangādhara Hara
Shiva Jaya Girijādhīsha
Shiva Jaya Gaurinātha

Twam Mām Pālaya Nityam
Twam Mām Pālaya Shambho
Kripayā Jagadīshā

Om Hara Hara Hara Mahādev

Kailāse Giri Shikhare
Kalpadruma Vipine
Shiva Kalpadruma Vipine

Gunjati Madhukara Punje
Gunjati Madhukara Punje
Kunjavane Gahane

Om Hara Hara Hara Mahādev

Kokila Kūjati Khelati
Hamsāvali Lalitā
Shiva Hamsāvali Lalitā

Rachayati Kalā Kalāpam
Rachayati Kalā Kalāpam
Nrityati Muda Sahitā

Om Hara Hara Hara Mahādev

Tasmillalitā Swadeshe
Shālāmani Rachitā
Shiva Shālāmani Rachitā

Tanmadhye Hara Nikate
Tanmadhye Hara Nikate
Gauri Muda Sahitā

Om Hara Hara Hara Mahādev

Kridām Rachayati Bhūshām
Ranjita Nijamīsham
Shiva Ranjita Nijamīsham

Indrādika Sura Sevita

Brahmādika Sura Sevita
Pranamati Te Shīrsham
Om Hara Hara Hara Mahādev

Vibudhā Vādhur Bāhu Nrityati
Hridaye Muda Sahitā
Shiva Hridaye Muda Sahitā

Kinnara Gānam Kurute
Kinnara Gānam Kurute
Saptasvara Sahitā

Om Hara Hara Hara Mahādev

Dhinakata Thai Thai Dhinakata
Mridanga Vādayate
Shiva Mridanga Vādayate

Kvana Kvana Lalitā Venur
Kvana Kvana Lalitā Venur
Madhuram Nādayate

Om Hara Hara Hara Mahādev

Runu Runu Charane Rachayati
Nūpuram Ujvalitam
Shiva Nūpuram Ujvalitam

Chakrāvarte Bhramayati
Chakrāvarte Bhramayati
Kurute Tam Dhik Tam

Om Hara Hara Hara Mahādev

Tam Tam Lupachupa
Tālam Nādayate

Shiva Tālam Nādayate
Angushtānguli Nādam (2×)
Lāsyakatām Kurute

Om Hara Hara Hara Mahādev

Karpūradyuti Gauram
Panchānana Sahitam
Shiva Panchānana Sahitam

Trinayana Shashidhara Maulih (2×)
Vishadhārā Kanthāyutam
Om Hara Hara Hara Mahādev

Sundara Jatā Kalāpam
Pāvakayuta Phālam
Shiva Pāvakayuta Phālam

Damaru Trisūhla Pinākam (2×)
Karadhrita Nrikapālam
Om Hara Hara Hara Mahadev

Shankha Ninādam Kritvā
Jhallari Nādayate
Shiva Jhallari Nādayate

Nirājayate Bramā
Nirājayate Vishnuh
Veda Richām Pathate

Der Tanz Shivas symbolisiert das kosmische Spiel von Schöpfung und Vernichtung, Vergänglichkeit und Transformation.

Om Hara Hara Hara Mahādev
Iti Mridu Charana Sarojam
Hritkamale Dhritvā
Shiva Hritkamale Dhritvā

Avalokayati Mahesham
Shivalokayati Suresham
īsham Abhinatvā

Om Hara Hara Hara Mahādev

Rundaih Rachayati Mālām
Pannagam Upavītam
Shiva Pannagam Upavītam

Vāmavibhāge Girijā
Vāmavibhāge Gauri
Rūpam Ati Lalitam

Om Hara Hara Hara Mahādev

Sundara Sakala Sharire
Krita Bhasmā Bharanam
Shiva Krita Bhasmā Bharanam

Iti Vrishabha Dhvaja Rūpam
Hara Shiva Shankara Rūpam
Tāpatraya Haranam

Om Hara Hara Hara Mahādev

Dhyānam Ārati Samaye
Hridaye Iti Kritvā
Shiva Hridaye Iti Kritvā

Rāmam Trijatā Nātham (2×)
Shambhum Abhinatvā

Om Hara Hara Hara Mahādev

Sangītam Evam Pratidina
Pathanam Yah Kurute
Shiva Pathanam Yah Kurute

Shiva Sāyujyam Gachchati
Hara Sāyujyam Gachchati
Bhaktyā Yah Shrīnute

Om Hara Hara Hara Mahādev

Om Jaya Gangādhara Hara
Shiva Jaya Girijādhishā
Shiva Jaya Gaurināthā

Twam Mām Pālaya Nityam
Twam Mām Pālaya Shambho
Kripayā Jagadīshā

Om Hara Hara Hara Mahādev

260. Natarāja

Natarājā Natarājā Nartana
Sundara Natarājā

Shivarājā Shivarājā Shivakāmi
Priya Shivarājā

Chidambareshā Natarājā
Parti Purīshwara Natarājā

261. Shiva Shiva Shambho

Shiva Shiva Shiva Shambho
Mahādeva Shambho

262. Shiva Shiva Shambho

Shiva Shiva Shambho Shankarā
Hara Hara Hara Mahādevā
Gangājatā Dhara Gauri Manohara
Parti Purī Parameshwarā

263. Ganesha Sharanam

Ganesha Sharanam
Sharanam Ganeshā

Ich suche Zuflucht in Ganesha.

*Ganesha ist der Sohn von Shiva –
er beseitigt alle Hindernisse.*

264. Shankara Karunākara

Shankara Karunākara
Parameshwara Jagadīshwara
Shānkari Karunākari
Parameshwari Jagadīshwari

265. Shambho Shankara Sadāshivā

Shambho Shankara Sadāshivā
Ambuja Nayanā Nārāyanā

Kailāsa Vāsā Sadāshivā
Vaikuntha Vāsā Nārāyanā

Pārvati Ramanā Sadāshivā
Lakshmi Ramanā Nārāyanā

Nandi Vāhanā Sadāshivā
Garuda Vāhanā Nārāyanā

266. Om Namah Shivāya

Om Namah Shivāya
Shivāya Namah Om

Nandi Vāhanā Namah Shivāya
Sadā Lolā Hara Namah Shivāya

*Ich verneige mich vor Shiva, dessen
Reittier Nandi, der Stier, ist.
Ich verneige mich vor Shiva, dem
Zerstörer der Ruhelosigkeit.*

267. Subrahmanya Subrahmanya

Subrahmanya Subrahmanya
Shanmuganāthā Subrahmanya

Hara Hara Hara Hara
Subrahmanya

Shiva Shiva Shiva Shiva
Subrahmanya

*Subrahmanya ist Shivas Sohn.
Er befehligt die Armee der Devas -
der Engel, die den höheren Geist ver-
körpern - in ihrem Sieg über die Asuras,
die Dämonen, die den niederen Geist
symbolisieren.*

268. Kailash Ki Shakti Shiva

Kailash Ki Shakti Shiva
Shankara Ki Jaya Jaya

Yamunā Ki Jaya Jaya
Gangā Ki Jaya Jaya

Om Namah Shivāya
Namah Shivāya

269. Om Sharanam Om

Om Sharanam Om
Om Sharanam Om
Sharanam Namah Om
Om Namah Shivāya
Namah Om.

270. Bolo Sadashiva Bolo

Bolo Bolo Sadashiva Bolo
Om Namah Shivaya
Om Namah Shivaya Om
Namah Shivaya

271. Hara Hara Shiva Shiva

Hara Hara Hara Hara
Namami Shankara
Bhajamana Hare Ram

Hara Hara Shiva Shiva Sadashiva
Bhajamana Hare Ram

Shiva Shiva Hara Hara Sadashiva
Bhajamana Hare Ram

Shiva und seine Gemahlin Pārvati

Devi Kirtans

Devi ist die göttliche Energie in der weiblichen Form der universellen Mutter. Bewusstsein, auch Brahman, Shiva, Atman, Purusha genannt, ist der statische, männliche Pol. Schöpfung, auch Maya, Shakti oder Prakriti genannt, ist der dynamische, weibliche Pol. Für viele ist es einfacher, sich Gott in seiner weiblichen Gestalt zu nähern: Da die Beziehung zur irdischen Muttter gewöhnlich stärker ausgeprägt ist als die Beziehung zum Vater, ist es leichter, sich Durga zu nähern als Shiva.

Devi manifestiert sich als das grobstoffliche, als das astrale sowie auch das kausale Universum und verwendet die Kräfte von Schöpfung, Erhaltung und Zerstörung. In jedem Individuum ist sie vorhanden als Maya (Illusion), Avidya (Unkenntnis), Trishna (Begierde/Sehnsucht) und Krodha (Zorn). Sie ist auch vorhanden als Viveka (Unterscheidung), Vairagya (Leidenschaftslosigkeit, Verhaftungslosigkeit) und Mumukshutva (Sehnsucht nach Befreiung).

Sie ist Ursache sowohl von Verhaftung als auch von Befreiung des Individuums. Da alles eine Manifestation von Devi ist, kann nichts ohne ihre Gunst geschehen.

Devi wird verkörpert in den Gestalten von Durga, Lakshmi, Saraswati und Kālī:

Durga vertritt die ideale mütterliche Liebe. Sie wird auf einem Tiger reitend dargestellt, der die Stärke symbolisiert, mit der sie ihre Kinder beschützt. Sie ist die Gemahlin von Shiva.

Durga, die Verkörperung der mütterlichen Liebe und der kosmischen Energie.

Saraswati ist die Göttin der Beredsamkeit, Weisheit, des Lernens, Wissens, der Künste und der Musik. Sie ist bekleidet mit einem weißen Sari (indisches Kleidungsstück) und hat einen heiteren, ruhigen Gesichtsausdruck.

Lakshmi ist die Göttin des Glücks, der Schönheit und des Reichtums. Lakshmi ist die Gottesmutter, die ihren Kindern alles gibt, sowohl im spirituellen wie im materiellen Sinne. Sie ist die Gemahlin von Vishnu.

Kālī, die schwarze Göttin, erscheint wild und ungestüm, ist aber zu denen, die ihr ergeben sind, gütig und sanft. Jedoch verlangt sie von ihnen völlige Hingabe.

300. Sāmba Sadāshiva

Sāmba Sadāshiva Sāmba
Sadāshiva

Sāmba Sadāshiva
Sāmba Shivom Hara

Om Mātā Om Mātā
Om Shrī Mātā Jagadambā

Umā Parameshwari
Shrī Bhuvaneshwari
Ādi Parā Shakti Devi Maheshwari

301. Kālī Mā

Kālī Mā Kālī Mā Kālī Mā
Kālī Mā (2×)

Durgā Mā... Lakshmi Mā...
Saraswati Mā...

Maria Mā... Mother Mā...

Be with me... Set me free...

302. Jaya Ho Mātā

Jaya Ho Mātā Jaya Jagadambā
Rāja Rājeshwari Shrī Parātpari

303. Gauri Gauri Gange Rājeshwari

Gauri Gauri Gange Rājeshwarī
Gauri Gauri Gange Bhuvaneshwarī

Gauri Gauri Gange Māheshwarī
Gauri Gauri Gange Māteshwarī

... Māhākālī ... Māhālakshmī
... Pārvatī ... Saraswatī

Lakshmi (hier mit Ganesha und Saraswati) symbolisiert Schönheit und tätige Nächstenliebe.

304. Devi Devi Devi

Devi Devi Devi Jagan Mohini
Devi Devi Devi Jagan Mohini

Chandrikā Devi
Chandamunda Hārini

Chāmundeshwari Ambike Devi
(Samara Sagaran Taranam
Cheyuvan Niraya Mārgam
Kettane Devi)

Göttliche Mutter, zeige uns den richtigen Weg, den Ozean der Veränderlichkeiten zu überwinden.

305. Kālī Durgā Namo Namah

Kālī Durge Namo Namah
Kālī Durge Namo Namah
Umā Pārvatī Ānanda Māyi
Kālī Durge Namo Namah

Mā Kālī Durge Namo Namah
Kālī Durge Namo Namah

(Kālī Durge Namo Namah
Kālī Durge Namo Namah

Rāja Rājeshwari Ānanda Mā
Tripura Sundari Ānanda Mā

Māhā Shakti Ānanda Mā
Mā Kālī Durge Namo Namah
Kālī Durge Namo Namah)

_Kālī symbolisiert die transformierende Kraft,
die Veränderung._

306. Om Mātā Kālī

Om Mātā Kālī
Om Mātā Durgā
Kālī Durge Namo Namah
Kālī Durge Namo Namah

307. Jaya Durge Kālī

Jaya Durge Jaya Durge
Jaya Durge Kālī

Jaya Mātā Jaya Mātā
Jaya Mahā Kālī

Jaya Ambā Kālī Jagadambā Kālī

308. Durge Jaya Jaya

Durge Jaya Jaya Durge Jaya Jaya
Durita Nivārini Durge Jaya Jaya

Durge Jaya Jaya Durge Jaya Jaya
Bhava Bhaya Hārini Bhavāni
Jaya Jaya

309. Dīnod Dhārini

Dīnod Dhārini Durita Hārini
Sattwa Rājas Tama Triguna Dhārini

Sandhyā Sāvitri Saraswati Gāyatri
Sītā Jānaki Pankaja Lakshmī
Rādhā Rūkmini Pankaja Lakshmī

310. Om Aim Tripura

Om Aim Tripura Devyai Cha
Vidmahe
Klīm Kāmeshwaryai Cha
Dhīmahi
Saum Tannah Klīne Prachodayāt

Saraswati, die Göttin der Musik, der Künste, der Beredsamkeit und der Weisheit.

311. Om Shakti Om

Om Shakti Om Shakti
Om Shakti Om

Brahma Shakti, Vishnu Shakti
Shiva Shakti Om

Om Shakti Om Shakti
Om Shakti Om

Icchā Shakti Kriyā Shakti Jnāna
Shakti Om

Om Shakti Om Shakti
Om Shakti Om

Devi Shakti Māyā Shakti
Guru Shakti Om

Om Shakti Om Shakti
Om Shakti Om

Ādi Shakti, Parā Shakti,
Māhā Shakti Om

Om Shakti Om Shakti
Om Shakti Om

312. Shri Gangā Ārati

Om Jaya Gange Mātā
Mayya Jaya Gange Mātā
Jo Nara Tumako Dhyātā (2×)
Mana Vānchita Phala Pātā
Om Jaya Gange Mātā

Chandra Sī Jyoti Tumhārī
Jala Nirmala Ātā
Mayya Jala Nirmala Ātā
Sharana Pade Jo Terī (2×)
So Nara Tara Jātā
Om Jaya Gange Mātā

Putra Sagara Ke Tare
Saba Jaga To Jnatā
Mayya Saba Jaga Ko Jnātā
Kripā Drishti Tumhārī (2×)
Tribhuvana Sukha Dātā
Om Jaya Gange Mātā

Eka Hi Bāra Jo Terī
Sharanāgata Ātā
Mayya Sharanāgata Ātā
Yam Kī Trāsa Mitākara (2×)
Parama Gāti Pātā
Om Jaya Gange Mātā

Ārati Mātā Tumhāri
Jo Koyi Nara Gātā
Dāsa Vohī Sahaja Mea
Bhakta Vohī Sahja Mea
Mukti Ko Pātā
Om Jaya Gange Mātā

Karpūra Gauram Karunāvatāram
Samsāra Sāram Bhujagendra
Hāram
Sadā Vasantam Hridayāra Vinde
Bhavam Bhavani Sahitam
Namāmi

Bol Gangā Maya Ki Jay
Satchidananda Bhagavan Ki Jay
Shri Satguru Swami Sivananda
Maharaj Ki Jay
Namah Parvati Pataye Hara
Hara Mahadev

313. Namosthute

Namosthute Namosthute
Jaya Shrī Durgā Namosthute
Namosthute Namosthute ...
... Shakti ... Kālī ... Lakshmi ...

314. Devi Ārati

Mayya Jaya Mangala Mūrati
Mayya Jaya Ānanda Karani

Tuma Ko Nishi Dina Dhyāvata (2×)
Hari Brahmā Shivarī
Om Jaya Ambe Gauri

Mānga Sindūra Virājata
Tiko Mriga Mada Ko
Mayya Tiko Mriga Mada Ko

Ujjvala Se Dovu Nainā (2×)
Chandra Vadana Niko

Om Jaya Ambe Gauri

Kanaka Samāna Kalevara
Raktāmbara Rāje
Mayya Raktāmbara Rāje

Rakta Pushpa Vana Mālā (2×)
Kanthana Para Sāje

Om Jaya Ambe Gauri

Kehari Vāhana Rājata
Khadga Khappara Dhāri
Mayya Khadga Khappara Dhāri

Sura Nara Muni Jana Sevita (2×)
Tina Ke Dukha Hāri

Om Jaya Ambe Gauri
Kānana Kundala Shobhita
Nāsāgre Moti
Mayya Nāsāgre Moti

Kotika Chandra Divākara (2×)
Rājata Sama Jyoti

Om Jaya Ambe Gauri

Shumbha Nishumbha Vidāre
Mahishāsura Ghāti
Mayya Mahishāsura Ghāti

Dhūmra Vilochana Nāshini (2×)
Nisha Dina Mada Māti
Om Jaya Ambe Gauri

Chousatha Yogini Gāvata
Nritya Karata Bhairū
Mayya Nritya Karata Bhairū

Bājata Tāla Mridangā (2×)
Aru Bājata Damarū

Om Jaya Ambe Gauri

Bhujā Chāra Ati Shobhita
Shankha Khappara Dhāri
Mayya Shankha Khappara Dhāri

Mana Vānchchita Phala
Pāvata (2×)
Sevata Nara Nāri

Om Jaya Ambe Gauri

Kanchana Thāla Virājata
Agara Kapura Bāti
Mayya Agara Kapura Bāti

Sri Māla Ketu Mea Rājata (2×)
Koti Ratana Jyoti

Om Jaya Ambe Gauri

Yā Ambe Ji Ki Ārati
Jo Koyi Nita Gāve
Mayya Jo Koyi Nita Gāve
Kahata Sivānanda Swāmi (2×)
Sukha Sampati Pāve
Om Jaya Ambe Gauri

315. Jaya Ambe

Jaya Ambe Jagadāmbe
Mātā Bhavāni Jaya Ambe

Durga Tināshini Durge Jaya Jaya
Kāla Vināshini Kālī Jaya Jaya

Umā Ramā Brahmāni Jaya Jaya
Rādhā Rūkmini Sītā Jaya Jaya

Sitā und Rāmā.

316. Bhaja Mana Mā

Bhaja Mana Mā Mā Mā Mā
Ānandamāyi Mā Mā Mā
Ānandarūpini Mā Mā

317. Jaya Mā

Jaya Mā Jaya Mā
Jaya Ānanda Mā
Jaya Mā Jaya Mā
Jaya Ānanda Mā

318. Sītā Rāma

Sītā Rāma Namah
Om Shivāya

Rādhe Shyāma
Om Namah Shivāya

Shakti Shiva
Namah Om Shivāya

Brahmā Vishnu
Om Namah Shivāya
Amba Mātā Namah
Om Shivāya
Sai Bhavāni
Om Namah Shivāya

319. Jaya Jagad Ambe

Jaya Jagad Ambe Sitā Rādhe
Gauri Durge Namo Namah
Bhaja Ma

Kālī Durge Namo Namah
Kālī Durge Namo Namah

Uma Parvati Ananada Mai
Kālī Durge Namo Namah

Ma Kālī Durge Namo Namah
Kālī Durge Namo Namah

Kālī Durge Namo Namah
Jay Ma Kālī Durge Namo Namah

320. Jaya Durgā Lakshmi Saraswati

Jaya Durgā Lakshmi Saraswati
Sai Jagan Mātā Mam Pahi
Jagan Mata
Sai Jagan Mātā Mam Pahi
Jagan Mātā

321. Jay Māta Kālī

Jaya Mātā Kālī
Jaya Mātā Durge
Kāli Durge Namo Namah

322. Om Kālī Om Mātā

Om Kāli Om Mātā Durgā Devi
Namo Namah
Shakti Kundalini Jagadamba
Mātā

323. Om Parvati Ananda Ma

Om Parvati Ananda Ma
Om Parvati Ananda Ma
Kālī Durgā Namo Namah
Kālī Durgā Namo Namah (4×)
Om Namah Shivaya
Namah Shivaya
Om Namah Shivaya
Namah Shivaya
Om Namah Shivaya
Namah Shivaya
Om Namah Shivaya
Namah Shivaya

324. Shanti Jaya Jaya Jaya

Shanti Jaya Jaya Jaya (3×)
Shanti Jaya
Om Ma Ananda Purnima
Parvati Shanti Jaya

325. Shri Gangā Stotram

Devi Sureshwari Bhagavati Gange
Tribhuvana Tārini Tarala Tarange
Shankara Mouli Vihārini Vimale
Mama Matirāstām Tava Pada
Kamale
Bāgīrathi Sukha Dāyini Mātah
Stava Jala Mahimā Nigame
Khyātah
Nāham Jāne Tava Mahimājnam

326. Bhavani Jaya Jaya

Bhavani Jaya Jaya
Bhavani Jaya Jaya
Kailash Ki Shakti Shiva'
Shankara Ki Jaya Jaya
(Yamuna, Ganga)

327. Jagad Ambe Ma

Jagad Ambe Ma (4×)

328. Jaya Ma Durga

Jaya Ma Durga (4×)

329. Ambe Jagadambe

Ambe Jagadambe Jagadambe
Jay Jay Ma

Guru Kirtans

Auf dem spirituellen Weg ist Führung notwendig. Wir rufen die Energie des Gurus an, der in Wahrheit in unserem eigenen Selbst liegt. Solange wir in Maya (Illusion) gefangen sind, können wir uns auf eine real existierende Person aus Gegenwart oder Verangenheit einstimmen, die uns über die zahlreichen Hindernisse hinwegführt.

Swami Sivananda wurde am 8. September 1887 in Südindien geboren. Nach dem Studium der Medizin ging er nach Malaysia. Dort leitete er ein Krankenhaus und wurde als der „Doktor der Armen" bekannt.

1923 gab er seinen Beruf und alle weltlichen Ambitionen auf, um sich ganz der Suche nach dem Absoluten zu widmen. Er ließ sich in Rishikesh (Himalaja) nieder. Hier praktizierte er intensiv Meditation, Yoga und Askese. Er erreichte Nirvikalpa Samadhi, die Verwirklichung des Absoluten.

Das Licht und die Ausstrahlung von Swami Sivananda zog schon bald viele Sucher an. So entstand 1932 der Sivananda Ashram und die Divine Life Society.

Swami Sivananda sah es als seine Aufgabe an, die spirituellen Lehren des Yoga für alle Menschen verständlich zu verbreiten. Er schrieb nahezu 300 Bücher, gründete die Yoga Vedanta Forest Academy, leitete zahllose Suchende an und begleitete ihren spirituellen Fortschritt. Er schickte einige seiner engeren Schüler in alle Welt und trug so entscheidend zur weltweiten Verbreitung des Yoga bei.

Swami Sivananda. Sein Leitspruch: „Serve, love, give, purify, meditate, realize".

Am 14. Juli 1963 verließ Swami Sivananda seinen Körper und erreichte Mahasamadhi. Noch heute spüren viele Sucher, dass die Führung und Gnade Swami Sivanandas sie auf ihrem Weg begleitet.

Einige der bekannteren Schüler und Schülerinnen Swami Sivanandas sind die Swamis Chidananda (Vorsitzender der Divine Life Society in Rishikesh), Krishnananda, Brahmananda, Venkatesananda, Vishnu-devananda (SYVC), Satyananda (Bihar School of Yoga), Hridayananada (Frankreich/Belgien), Satchidananda (IYI in Amerika), Jyotirmayananda (Florida), Sivananda Radha (Kanada), sowie André van Lysebeth (Belgien), und Boris Sacharow (Deutschland).

350. Gurur Brahmā

Gurur Brahmā Gurur Vishnuh
Gurur Devo Maheshwarah
Guruh Sākshāt Param Brahmā
Tasmai Shrī Gurave Namaha

Sivānanda Sivānanda Sivānanda
Pāhimām
Sadguru Deva Sadguru Deva
Sadguru Deva Rakshamām

351. Vande Gurudev

Vande Gurudev
Jaya Jaya Gurudev
Jaya Shrī Gurudev
Jaya Jaya Gurudev

Vande Gurudev
Sivānanda Gurudev

Jaya Shrī Gurudev
Sivānanda Gurudev

Swāmi Krishnānanda, der Philosoph unter den Schülern Swāmi Sivānandas, bekannt für die Schärfe seines Geistes.

352. Gurudeva

Gurudeva Gurudeva
Jaya Gurudev
Sivānandā Guru
Deva Jaya Gurudev

If you want to be like him
You must follow Him
Not my will but Thy will my Lord
Not my will but Thy will.

353. Deva Deva Sivānanda

Deva Deva Sivānanda
Dīna Bandhu Pāhimām

Chandravadana Mandahāsa
Premarūpa Rakshamām

Sivananda, Inkarnation göttlicher Liebe,
Bruder der Demütigen, möge er mich
beschützen.
Er hat ein Gesicht rein wie der Mond,
mildes Lächeln, Verkörperung von Liebe,
möge er mich beschützen.

Madhura Gītā Gānalola
Jnānarūpa Pāhimām

Samastaloka Pūjitāya
Mohanānga Rakshamām

Er, der Wonne erfährt beim Singen schöner
Lieder, Verkörperung von Weisheit, möge
er mich beschützen.
Er, der verehrt wird von allen Wesen,
der aus bezaubernden Gliedern besteht,
möge er mich beschützen.

Divya Gangā Tīravāsa
Dāna Shīla Pāhimām

Pāpaharana Punya Shīla
Paramapurusha Rakshamām

*Er, der an den Ufern des Ganges wohnt,
der großzügig ist, möge er mich beschützen.
Er, der Sünden beseitigt, der voll von Tugenden ist, oberster Purusha, möge er
mich beschützen.*

Bhaktaloka Hridayavāsa
Swāminātha Pāhimām

Chitswarūpa Chidānanda
Namah Shivāya Rakshamām

*Er, der in den Herzen der Frommen ruht,
Gott, möge er mich beschützen.
Er, der die Verkörperung des Bewusst-
seins und der Wonne ist, Grüße an den
Gott Shiva, möge er mich beschützen.*

Sadguru Jay Sivananda
Sadguru Jay Pahimam
Sadguru Jay Sivananda
Sadguru Jay Rakshamam

354. Om Bhagavān

Om Bhagavān
Shrī Bhagavān
Ānanda Bhagavān
Sivānanda Bhagavān

*Sri Swami Chidananda, „Swamiji" (1916-2008).
Einer der ältesten Schüler von Swami Sivananda,
ehemaliger Präsident der Divine Life Society.
Bekannt für seine Einfachheit, Liebe und Demut.*

*Swāmi Vishnu-devānanda, 1927-1993,
Begründer der Sivananda Yoga Vedanta
Zentren im Westen.*

355. Jaya Gurudev

Jaya Gurudev Jaya (4×)
Jaya Sītā Rām Jaya
Jaya Hanumān Jaya
Jaya Sītā Rām Jaya
Jaya Hanumān Jaya
Sadgurudev Sivānanda
Bhagavān (2×)
Jaya Shiva Shankara
Hara Hara Shankara

356. Sacchidānanda Guru

Sacchidānanda Guru
Sacchidānanda

357. Sivānanda Namah Om

Sivānanda Namah Om
Jaya Gurudev
Om Guru Jaya Gurudevāya

Rāmakrishna, 1834-1886, bekannt für die Verbindung von Weisheit und Liebe.

Sāradā Devi war die Frau von Rāmakrishna und eine Heilige.

358. Ānanda Guru

Ānanda Guru Om
Sivānanda Guru Om

Ānanda Guru Om
Sivānanda Guru Om

Gītā ... Krishna ... Rāma ...
Shiva ... Brahmā ... Jesus ...
Lakshmi ... etc.

359. Guru Deva Ki

Guru Deva Ki Gurudev
Gurudev

Guru Deva Ki Gurudev
Deva Ki Gurudev Gurudev

Guru Deva Ki Gurudev
Gurudev

360. Hara Hara Gurudeva

Hara Hara Gurudeva
Hara Hara Gurudeva
Parabrahmā Parameshwara
Parabrahmā Parameshwara

Swāmi Vivekānanda, 1863-1902, brachte den Yoga in den Westen.

Ramana Maharishi, 1879-1950, war ein großer Jnana-Yogi

Āmi Tomāri Āmi
Tomāri Āmi Tomāri
Priyā Hey Āmi Tomāri
Ich gehöre ganz Dir, mein Gott.

Tumi Amāri Tumi Amāri
Tumi Amāri Nātha He Tumi
Amāri
Du gehörst ganz mir, mein Gott.

Hare Krishna Hare Krishna
Krishna Krishna Hare Hare

Hare Rāma Hare Rāma
Rāma Rāma Hare Hare

361. Jaya Guru

Jaya Guru Jaya Guru
Jaya Guru Jaya

Shrī Rām Jaya Rām
Jaya Jaya Rām

Sītā Rām Jaya Rājā Rām Jaya

Gauri Shankara Sītā Rām

Shiva Durgā Shiva Durgā
Durgā Durgā Shivā Shivā

Shivā Kālī Shivā Kālī
Kālī Kālī Shivā Shivā

Jaya Mā Jaya Mā Jaya Mā Jaya

Jaya Bhagavān Jaya Jaya
Bhagavān
Jaya Bhagavān Jaya Jaya
Sivānanda

Lakshmī Nārāyana Lakshmi
Nārāyana
Lakshmī Nārāyana Rām

Rādhe Govindā Rādhe Govindā
Rādhe Govindā Shyām

Shrī Aurobindo (1872-1950)

362. Jyota Se Jyota

Jyota Se Jyota Jagāvo
Sadguru Jyota Se Jyota Jagāvo

Mera Antara Timira Mitāvo
Sadguru Jyota Se Jyota Jagāvo

Entzünde mein Licht mit deinem Licht, oh Sadguru. Entzünde mein Licht mit Deinem Licht. Beseitige die Dunkelheit, die mein Herz bedeckt.

He Yogeshwara He Jnāneshwara
He Yogeshwara He Jnāneshwara
He Sarveshwara He Parameshwara
He Sarveshwara He Parameshwara
Nija Kripā Barasāvo
Sadguru Jyota Se Jyota Jagāvo

Oh Herr des Yoga, oh Herr des Wissens,
oh Herr aller Wesen, oh großer Meister,
sende uns Deine Gnade.

Merā Antara Timira Mitāvo
Sadguru Jyota Se Jyota Jagāvo
Hama Bālaka Tere Dwāra Pe Āye
Hama Bālaka Tere Dwāra Pe Āye
Mangala Darasa Dikhāvo
Sadguru Jyota Se Jyota Jagāvo

Wir, Deine Kinder, klopfen an Deine Tür.
Bitte gib uns eine Vision Deiner glück-
verheissenden Gestalt.

Merā Antara Timira Mitāvo
Sadguru Jyota Se Jyota Jagāvo
Shīsha Jhukāyā Kare Teri Ārati
Shīsha Jhukāyā Kare Teri Ārati
Prema Sudhā Barasāvo
Sadguru Jyota Se Jyota Jagāvo

Wir verehren Dich, neigen unseren Kopf
vor Dir. Gieße den Nektar Deiner Liebe
über uns.

Merā Antara Timira Mitāvo
Sadguru Jyota Se Jyota Jagāvo
Antara Me Yuga Yuga Se Soi
Antara Me Yuga Yuga Se Soi
Chiti Shakti Ko Jagāvo
Sadguru Jyota Se Jyota Jagāvo

Erwecke diese Chiti Shakti (Kundalini),
die in uns seit Ewigkeiten schläft.

Merā Antara Timira Mitāvo
Sadguru Jyota Se Jyota Jagāvo
Sachchi Jyota Jāge Hridaya Me
Sachchi Jyota Jāge Hridaya Me
Soham Nāda Jagāvo
Sadguru Jyota Se Jyota Jagāvo

Die wahre Flamme ist lebendig in unse-
ren Herzen. Erwecke in uns den Klang
des Soham Mantras.

Merā Antara Timira Mitāvo
Sadguru Jyota Se Jyota Jagāvo
Jīvana Sivānanda Avināshi
Jīvana Sivānanda Avināshi
Charana Sharana Lagāvo
Sadguru Jyota Se Jyota Jagāvo

Oh unvergänglicher Sivananda.
Lass unser Leben Dir gewidmet sein.

Merā Antara Timira Mitāvo
Sadguru Jyota Se Jyota Jagāvo

Swāmi Sivānanda

Mātā Amritānanda-māyi, 1953 geboren, ist eine lebende Meisterin.

Gāndhi, 1869-1948, gilt als großer Yoga-Meister.

363. Shri Guru

Shri Guru Charanam
Shri Hari Sharanam

364. Hari Om Sivananda

Hari Om Sivananda
Hari Om Sivananda
Hari Hari Om
Hari Hari Om

Ānandamāyi Mā, 1896-1982, genannt die „Glückselige Mutter".

Yogānanda, 1893-1952, war der erste Yoga-Meister, der sich im Westen niederließ.

Vedāntische Gesänge und Hymnen

Vedānta bedeutet „Ende des Wissens". Die Vedānta-Philosophie sagt, dass wir weder ein Käfig aus Fleisch, noch der flüchtige Geist oder eine begrenzte Persönlichkeit sind, sondern das alles durch-dringende universelle Selbst, unberührt durch Freude und Leid. Vedānta führt uns zur Erkenntnis, dass diese Welt unwirklich ist. Nur Brahman (das Absolute, Gott) allein ist wirklich und das individuelle Selbst ist eins mit Brahman, dem Absoluten.

Jagadguru Shankarāchārya, großer vedantischer Jnāna-Yoga-Meister im 9. Jh. n.Ch.

400. Sacharā Chara

Sacharā Chara Pari Pūrna Shivoham
Nityānanda Swarūpa Shivoham

Ānandoham Ānandoham
Ānandam Brahm Ānandam

Sākshi Chaitanya Kutasthoham
Nityā Nitya Swarūpa Shivoham

Meine wahre Natur ist unsterblich, ewig, rein, unendlich. Ich bin Wonne, ich bin Wonne, göttliche Wonne bin ich. Ich bin reines Bewusstsein, unbeteiligter Beobachter von allem. Ich bin Shiva, eins mit dem Göttlichen.

401. Shuddhosi Buddhosi

Shuddhosi Buddhosi Niranjanosi
Samsāra Māyā Parivar Chitosi

Du bist rein. Du bist Intelligenz. Du bist unbefleckt. Du bist unberührt von Geburt, Tod (Samsara) und Illusion (Maya). Du bist reines Bewusstsein.

402. Chidānanda

Sunāja Sunāja Sunāja Krishnā
Tū Gitā Wālā Jnāna Sunāja Krishnā

Chidānand, Chidānand
Chidānanda Hūm
Hara Hāla Me Almasta
Sacchidānanda Hūm

Knowledge Bliss, Knowledge Bliss
Bliss Absolute
In All Conditions I am Knowledge
Bliss Absolute

Ajarānand Amarānand
Achalānanda Hūm
Hara Hāla Me Almasta
Sacchidānanda Hūm

I am without old age, without death, without motion
In all conditions I am Knowledge
Bliss Absolute

403. Chidānanda

Deutsche Übersetzung

Wissen, Wonne, Wissen, Wonne,
absolute Wonne,
Absolutes Wissen, Wonne
bin ich jederzeit
Jenseits von Veränderung,
Krankheit und Tod.
Absolutes Wissen, Wonne
bin ich jederzeit.

404. Nirvānāshatakam

*Sechs Strophen zur Befreiung
Von Jagadguru Shankarāchārya*

Mano Buddhy Ahamkāra
Chittāni Nāham

Na Cha Shrotrajihve
Na Cha Ghrānanetre

Na Cha Vyoma Bhūmir
Na Tejo Na Vāyuh

Chidānanda Rūpah
Shivoham Shivoham

Sacchidānanda Rūpah
Shivoham Shivoham

*Ich bin weder Denkprinzip, noch Intellekt, weder Ego noch Unterbewusstsein.
Ich kann nicht gehört, noch in Worte
gefasst werden, kann weder durch Sehen
noch durch Geruch jemals erfasst werden.
Ich bin unabhängig von den 4 Elementen
Erde, Wasser, Feuer und Luft.
Meine wahre Natur ist Wissen und
Glückseligkeit. Ich bin Shiva. Ich bin
Shiva.Meine wahre Natur ist absolutes
Sein, Wissen und Glückseligkeit. Ich bin
Shiva. Ich bin Shiva.*

Na Cha Prānasangne
Na Vai Panchavāyuh

Na Vā Saptadhātur
Na Vā Panchakoshah

Na Vāk Pānipādau
Na Chopasthapāyū

Chidānanda Rūpah
Shivoham Shivoham

Sacchidānanda ...

*Ich bin nicht das Prana, ich atme keine
Luft. Ich bestehe nicht aus den 7 Körpersäften und auch nicht aus den 5 Koshas
(Hüllen, Körpern). Ich habe keine
Hände, keine Füße, keinen Mund, keine
Geschlechts- oder Ausscheidungsorgane.
Meine wahre Natur ist Wissen und Glückseligkeit. Ich bin Shiva. Ich bin Shiva.
Meine wahre Natur ist absolutes Sein,
Wissen und Glückseligkeit. Ich bin Shiva.
Ich bin Shiva.*

Na Me Rāgadweshau
Na Me Lobhamohau

Mado Naiva Me Naiva
Mātsaryabhāvah

Na Dharmo Na Chārtho
Na Kāmo Na Mokshah

Chidānanda Rūpah
Shivoham Shivoham

Sacchidānanda ...

*Ich bin jenseits von Zuneigung und
Abneigung, jenseits von Verhaftung und
Loslösung. Ich bin jenseits von Gier und
Egoismus. Ich habe keinen Wunsch nach
Gerechtigkeit, Reichtum, Vergnügen oder
Befreiung. Meine wahre Natur ist Wissen
und Glückseligkeit. Ich bin Shiva.
Ich bin Shiva.*

Meine wahre Natur ist absolutes Sein,
Wissen und Glückseligkeit. Ich bin Shiva.
Ich bin Shiva.

Na Punyam Na Pāpam
Na Saukhyam Na Dukham
Na Mantro Na Tīrtham
Na Vedā Na Yagnah

Aham Bhojanam Naiva
Bhojyam Na Bhoktā

Chidānanda Rūpah
Shivoham Shivoham

Sacchidānanda ...

Ich kenne weder Verdienst noch Sünde.
Ich brauche weder Mantra noch Pilgerreise,
weder Schriften, noch Rituale. Ich bin
weder der Sinnesgenuss, noch der Genies-
ser, noch das Geniessen.
Meine wahre Natur ist Wissen und Glück-
seligkeit. Ich bin Shiva. Ich bin Shiva.
Meine wahre Natur ist absolutes Sein,
Wissen und Glückseligkeit. Ich bin Shiva.
Ich bin Shiva.

Na Me Mrutyushankā
Na Me Jātibhedah

Pitā Naiva Me Naiva
Mātā Cha Janmah

Na Bandhur Na Mitram
Gurur Naiva Shishyah

Chidānanda Rūpah
Shivoham Shivoham

Sacchidānanda ...

Ich habe keine Angst vor dem Tod, bin
nicht verhaftet an Kaste oder Volk.
Ich kenne weder Vater noch Mutter,
weder Freunde noch Verwandte.
Ich bin weder Guru noch Schüler.

Meine wahre Natur ist Wissen und
Glückseligkeit. Ich bin Shiva. Ich bin Shiva.
Meine wahre Natur ist absolutes Sein,
Wissen und Glückseligkeit. Ich bin Shiva.
Ich bin Shiva.

Aham Nirvikalpo Nirākāra Rūpo
Vibhutvāchcha Sarvatra
Sarvendriyānām

Sadā Me Samatvam
Na Muktir Na Bandhah

Chidānanda Rūpah
Shivoham Shivoham

Sacchidānanda ...

Ich bin weder Körper noch Geist, ich bin
nicht das Gewusste, der Wissende oder
das Wissen. Ich bin nicht die Sinne. Ich
bin immer gleichmütig, bin weder frei
noch gebunden.
Meine wahre Natur ist Wissen und Glück-
seligkeit. Ich bin Shiva. Ich bin Shiva.
Meine wahre Natur ist absolutes Sein,
Wissen und Glückseligkeit. Ich bin Shiva.
Ich bin Shiva.

Swāmi Sivānanda und Swami Venkatesānanda
beim Lach-Wettbewerb.

63

405. Nirvānāshatakam -
Englische lyrische Übersetzung

I am neither ego nor reason,
I am neither mind nor thought.

I cannot be heard nor cast into
words, nor by sight, nor smell
ever caught.
In light and wind I am not found,
nor yet in earth and sky.

Consciousness and Joy incarnate,
Bliss of the Blissful am I.

I have no name, I have no life,
I breathe no vital air,
no elements have moulded me,
no bodily sheath is my lair:

I have no speech, no hands and
feet, nor means of evolution.

Consciousness and Joy am I,
and Bliss in dissolution.

I cast aside hatred and passion,
I conquered delusion and greed.

No touch of pride caressed me,
so envy never did breed,
Beyond all faiths, past reach of
wealth, past freedom, past desire.

Consciousness and Joy am I,
and Bliss is my attire.

Virtue and vice, or pleasure
and pain are not my heritage,
nor sacred texts, nor offerings,
nor prayer, nor pilgrimage:

I am neither food nor eating,
nor yet the eater am I.

Consciousness and Joy incarnate,
Bliss of the Blissful am I.

I have no misgiving of death,
no chasms of race divide me.

No parent ever called me child,
no bond of birth ever tied me.

I am neither disciple nor master,
I have no kin, no friend.

Consciousness and Joy am I,
and merging in Bliss is my end.

Neither knowable, knowledge,
nor knower am I,
formless is my form,
I dwell within the senses,
but they are not my home:

Ever serenely balanced,
I am neither free nor bound.

Consciousness and Joy am I,
and Bliss is where I am found.

406. Satyam Shivam Sundaram

Satyam Shivam Sundaram
Ananta Brahmam
Sacchidanandam

407. Omkāram

Omkāram Bindhu Samyuktam
Nityam Dhyāyanti Yoginah
Kāmadam Mokshadam Chaiva
Omkārāya Namo Namah

Lieder in anderen Sprachen

500. Laudate Omnes Gentes

Laudate omnes gentes,
laudate Dominum.
Laudate omnes gentes,
laudate Dominum.

501. Jubilate Deo

Jubilate Deo omnes terrae
Servite Domino in laetitia

502. Lobet und preiset den Herrn

Lobet und preiset ihr Völker
den Herrn,
freuet euch Seiner
und dienet ihm gern.
All ihr Völker lobet den Herrn.

503. Halleluja

Halleluja Halleluja
Halleluja Halleluja
Halleluja Halleluja
Halleluja Halleluja

504. Wechselnde Pfade

(Baltischer Hausspruch)

Wechselnde Pfade,
Schatten und Licht,
alles ist Gnade,
fürchte Dich nicht.
Wechselnde Tage,
Freude und Leid,
alles ist Leben, nehme es an.

505. Schalom

Schalom chaverim,
schalom chaverim!
Schalom, schalom!
Le hitraot, le hitraot,
schalom, schalom!

506. Hevenu schalom alächem

Hevenu schalom alächem. (3×)
Hevenu schalom, schalom,
schalom, alächem.

Wir bringen Frieden für alle,
wir bringen Frieden für alle,
wir bringen Frieden für alle,
wir bringen Frieden, Frieden,
Frieden für die Welt.

Wir bringen Freude für alle ...

Wir bringen Hilfe für alle ...

Hevenu schalom alächem. (3×)
Hevenu schalom, schalom,
schalom, alächem.

507. Adonai

Adonai Adonai oh Gott von Israel.
Rechts von mir Michael,
links von mir Gabriel
und vor mir Uriel,
hinter mir Rafael
und über meinem Haupte
die Shekina.

508. Vom Aufgang der Sonne

Vom Aufgang der Sonne
Bis zu ihrem Niedergang

Sei gelobet der Name des Herrn,
Sei gelobet der Name des Herrn!

Quand nait la lumière
Quand s'éteint le feu du jour
Célébrons par nos chants
le Seigneur,
Célébrons par nos chants
le Seigneur!

(Psalm 113,3 ; Kanon: Paul Ernst Ruppel 1938)

509. Kyrie eleison

Kyrie eleison
Kyrie eleison
Kyrie eleison

510. Dans nos obscurités

Dans nos obscurités,
allume le feu,
qui ne s'éteint jamais.

511. Geh aus, mein Herz

Geh aus, mein Herz,
und suche Freud,
in dieser lieben Sommerzeit
an Deines Gottes Gaben;

schau an der schönen Gärten Zier,
und siehe, wie sie mir und dir
sich ausgeschmücket haben,
sich ausgeschmücket haben.

Die Bäume stehen voller Laub,
das Erdreich decket seinen Staub
mit einem grünen Kleide.

Narzissus und die Tullipan,
die ziehen sich viel schöner an
als Salomonis Seide.

Die Lerche schwingt sich
in die Luft,
das Täublein fliegt
aus seiner Kluft,
und macht sich in die Wälder;
die hochbegabte Nachtigall
ergötzt und füllt mit
ihrem Schall
Berg, Hügel, Tal und Felder.

Der Weizen wächset mit Gewalt,
darüber jauchzet jung und alt
und rühmt die große Güte des,
der so überfließend labt
und mit so manchem Gut begabt
das menschliche Gemüte.

Ich selber kann
und mag nicht ruhn,
des großen Gottes großes Tun
erweckt mir alle Sinne;

ich singe mit,
wenn alles singt,
und lasse,
was dem Höchsten klingt,
aus meinem Herzen rinnen
aus meinem Herzen rinnen.

512. Von guten Mächten

Von guten Mächten treu
und still umgeben,
behütet und getröstet wunderbar,
so will ich diese Tage
mit euch leben
und mit euch gehen
in ein neues Jahr.

Von guten Mächten
wunderbar geborgen,
erwarten wir getrost
was kommen mag.

Gott ist mit uns am Abend
und am Morgen
Und ganz gewiss an jedem
neuen Tag.

513. Nada te turbe

Nada te turbe
nada te espante
Todo se pasa
Dios no se muda
la paciencia
todo lo alcanza
Quien a Dios tiene
nada le falta
Sólo Dios basta
(Santa Teresa de Ávila 1515-1582)

514. Heavenly Father

Heavenly Father,
let us adore Thee,
Heaven and earth
are full of Thy glory;
All of creation repeats Thy Name,
Hallelu, Hallelu, Halleluya.
Heavenly Mother of Power
and Beauty,
To love and to serve Thee
is our Blessed duty.
All of creation obeys Thy name,
Hallelu, Hallelu, Halleluya.
Heavenly Master of Wisdom
and Kindness,
rescue Thy children from
darkness and blindness.
All of creation will follow
Thy Name,
Hallelu, Hallelu, Halleluya.

Brothers and Sisters in Love
come together,
with strength of the spirit
no sorrow can sever.
All of creation is our
eternal home,
Hallelu, Hallelu, Halleluya.

515. Return Again

Return again, return again.
Return to the land of your soul.

Return to who you are
Return to what you are

Return to where you are
Born and reborn again.

516. We All Come From God

We all come from God.
And unto God we return.

Like a stream flowing to the ocean.

Like a ray of light returning
to the sun.

517. One Fine Morning

One fine morning,
when my work is over,
gonna fly away home.

Fly away home to my soul,
fly away home.

518. Rejoice In the Lord Always

Rejoice in the Lord always!
and again I say rejoice!
Rejoice! Rejoice!
And again I say Rejoice!

519. Smile With the Flowers

Smile with the flowers
and sing with the birds,
let the Lord bring you
a song without words.

Talk with the rainbow,
the wind and the sun,
God is Love, God is Love,
man and nature are one.

Laugh with the laughing brook,
dance with the sea,
the ocean of love
longs to fill you and me;

Open your heart,
let it flood through your soul;
God is Love, God is Love,
we are part of the whole.

Joy is my birthright
and bliss is my name,
the light of the Lord alone
kindles the flame;

Dive deep within,
find the silence and peace,
God is Love, God is Love,
may His Grace never cease.

520. Take My Life

Take my life and let it be,
consecrated Lord to Thee.

Take my hands
and let them move,
at the impulse of Thy love.

Take my feet and let them be,
swift and beautiful for thee.

Take my moment and my day,
let them flow in ceaseless strain.

Take my silver and my gold,
not a mite shall I withhold.

Take my mouth and let it be,
filled with messages from Thee.

Take my voice and let it sing,
always only for my King.
Take my intellect and use,
any power Thou shalt choose.
Take my will and make it Thine,
it shall be no longer mine.
Take my heart it is Thy own,
it shall be Thy royal throne.
Take my love, my Lord I pour,
at Thy feet its treasure store.
Take myself and I will be,
ever only all for Thee.
Shrī Rām Jaya Rām
Jaya Jaya Rām Om
Shrī Rām Jaya Rām
Jaya Jaya Rām

521. Kumbaya My Lord

Kumbaya my Lord Kumbaya (2×)
Someone's singing, my Lord,
Kumbaya
... praying ... crying ... laughing

522. Kumbalassi

Kumbalassi Kumbalassi
Wenduja baneega
Kumbalassi Kumbalassi

523. Hey Yaka

Hey Yaka, Ho yaka, hey yang
yang yang
Hey Yaka, Ho yaka, hey yang
yang yang

Ich liebe diese Erde,
zu der ich wieder werde.
Ich atme die Luft,
die ich zum Leben brauch'.

Hey Yaka, Ho yaka, hey yang
yang yang
Hey Yaka, Ho yaka, hey yang
yang yang

Ich liebe diese Erde, zu der ich
wieder werde
Ihr Brot und ihr Wasser
füllt mir meinen Bauch.

524. Erde mein Körper

Erde mein Körper,
Wasser mein Blut
Luft mein Atem und Feuer
meine Seele

525. Most Blessed Mother

Oh Blessed Mother,
my heart is on fire.
To love and to serve Thee
is my only desire.

Ave ave ave Maria,
Ave ave ave Maria
Oh Blessed Master,
My heart is on fire.

To love and to serve Thee
is my only desire.

Shiva Shiva Sivananda Gurudev
Shiva Shiva Sivananda Gurudev.

(Oh Blessed Swami,
my heart is on fire.

To love and to serve Thee
Is my only desire.
Swāmi Swāmi Vishnu-devānanda
Swāmi Swāmi Vishnu-devānanda.
Buddhā Buddhā Sakyamuni …)

526. Door of My Heart

Door of my heart,
open wide I keep for thee.
Wilt thou come? Wilt thou come?
Just this once come to me.

Will my days fly away
without seeing thee my Lord?
Night and day, night and day,
I search for thee night and day.

Meines Herzens Tür,
offen halte ich sie Dir.
Kommst Du wohl,
kommst Du wohl?
Ach nur einmal komm' zu mir!

Wird entschwinden mir die Zeit,
ohne dass ich schau' Dich, Herr?
Tag und Nacht, Tag und Nacht,
ich erwart' Dich Tag und Nacht.

527. We Are One In the Spirit

We are One in the spirit.
We are One in the Lord. (2×)

And we pray that all unity may
one day be restored.

And they'll know we are God's
Children by our love,
By our love,
Yes, they'll know we are God's
Children by our love.

528. Amazing Grace

Amazing Grace!
How sweet the sound
That saved a wretch like me!
I once was lost,
but now am found,
was blind, but now I see.

'Twas Grace that taught
my heart to fear,
and Grace my fears relieved.
How precious did
that Grace appear,
The hour I first believed!

Through many dangers,
toils and snares
I have already come.
'Tis Grace that brought me
safe thus far.
And Grace will lead me home.

The Lord has promised
good to me.
His word my hope secures.
He will my shield and portion be,
As long as life endures.

Yea, when this flesh
and heart shall fail,
And mortal life shall cease,
I shall possess, within the veil
A life of joy and peace.

529. Sing Thee the Name

Sing thee the Name of the Lord
Praise, praise the Name of the Lord
Hallelu Hallelu Halleluya

Om Namo Bhagavate
Sivānandāya
Sadgurunathāya
Namah Shivāya
Hare Rama ... Hare Krishna ...

Lobsingt die Namen des Herrn
Chantez la gloire de Dieu

530. Shma Yisrael

Shma Yisrael
Adonai Eloheinu
Adonai Ehad

531. We Are Walking In the Light

We are walking in the light,
in the light in the light,
We are walking in the light,
in the light of God.
In the light (7×) ... of God

Wir wandern in dem Licht ...
von Gott

Nous marchons dans la lumiere
... de Dieu

Caminandos en la lux ... de Dios
Caminiamo nella luce ... di Dio

Bo Nel-cha Ba-Zohar
Ba-Zohar Ba-Zohar
Bo Nel-cha Ba-Zohar
Bezohar Hashem

532. Bleibet hier

Bleibet hier und wachet mit mir
Wachet und betet, wachet und betet

Stay with me, remain here with me
Watch and pray, watch and pray

Restez ici et veillez avec moi
Veillez et priez, veillez et priez

Restate qui e vegliate con me
Vegliate e pregate, vegliate e pregate

Permanece junto de Mim
Ora e vigia, ora e vigia

533. In dunkler Nacht

In dunkler Nacht woll'n wir ziehen,
lebendiges Wasser finden.
Nur unser Durst wird uns leiten
Leuchten wird nur unser Durst.

By night we hasten in darkness
To search for living water
Only our thirst leads us onward
Only our thirst leads us onward

De nuit nous irons dans l'ombre
Car pour découvrir la source
Seule la soif nous éclaire
Seule la soif nous éclaire

De noche iremos de noche
Que para encontrar la fuente
Solo la sed nos al umbra
Solo la sed nos alumbra

534. Gib Frieden

Gib den Frieden des Herzens
Gib den Frieden des Herzens
Gib Frieden,Gib Frieden

Give peace to our hearts
Give peace

Donne la paix du Cœur
Donne la paix

Da pacem cordium
Da pacem cordium Pacem

Dona la pace del cuore
Dona la pace

535. Preise den Herrn

Preise den Herrn meine Seele,
und preise Seinen heiligen Namen!
Er führt mich in das Leben.

Bless the Lord my soul
And bless God's Holy name
Bless the Lord my soul
Who leads me into life

Bénis le Seigneur, mon âme
Bénis Son Saint nom
Il me conduit à la vie

Anima mia benedici il Signore
Benedici il suo Santo Nome
Egli mi conduce alla vita

536. Danke

Danke für diesen guten Morgen,
danke für jeden neuen Tag.
Danke, dass ich all meine Sorgen
auf Dich werfen mag.

Danke für alle guten Freunde,
danke, oh Herr, für jedermann.
Danke, wenn auch dem größten
Feinde ich verzeihen kann.

Danke für meine Arbeitsstelle,
danke für jedes kleine Glück.
Danke für alles Frohe, Helle
und für die Musik.

Danke für manche Traurigkeiten,
danke für jedes gute Wort.
Danke, dass Deine Hand mich
leiten will an jedem Ort.

Danke, dass ich Dein Wort
verstehe,
danke, dass Deinen Geist Du gibst.
Danke, dass in der Fern und Nähe
Du die Menschen liebst.

Danke, Dein Heil kennt keine
Schranken,
danke, ich halt mich fest daran.
Danke, ach Herr,
ich will dir danken,
dass ich danken kann.

537. 'Tis a Gift

'Tis a gift to be simple,
'tis a gift to be free.
'Tis a gift to be where
we ought to be.

And when we find ourselves
in a place just right,
'twill be in the valley
of love and delight.

When true simplicity is gained,
To bow and to bend we will not
be ashamed.

To turn, to turn will be our delight,
Till by turning and turning we
come round right.

538. From Joy I Came

From joy I came
For joy I live
In blissful joy I melt again

539. We All Come From the Sun God

We all come from the Sun God
And to Him we shall return
Like a ray of light
Rising to the heavens.

We all come from Godess
And to Her we shall return
Like a drop of rain flowing
to the ocean.

540. Oh Great Spirit

Oh great Spirit
Earth, sun, sky and sea –
You are inside and all around me

541. We Are One

We are one in the infinte sun
Forever and ever and ever
Guate lenyo lenyo maute
Iano iano iano

542. I'm One With the Love

I'm one with the love of the mother
I'm one with the love of God
I'm one with the love of the father
I'm one with the love of God
Ave Maria …
Kyrie Eleison …

543. Mother I Feel You

Mother I feel you under my feet
Mother I hear your heart beat
Heja heja heja heja heja hejo
Heja heja heja heja heja ho-o-o-o

544. La illaha il allah

La illaha il allah

545. We Are a Wheel

We are a wheel, a circle of live
We are a wheel, a circle of power
We are a wheel, a circle of light
Circling the world this sacred hour

546. White Cloud Up In the Sky

White cloud up in the sky
Sails so high, so high.
White cloud deep in the blue
Are you a dream or true?
Take my heart, take it away
Let it always fly, let it always fly.
White cloud up in the sky
Sails so high so high.
White cloud deep in the blue
Are you a dream or true?
Be my boat, bring me home
Bring me to the sun, to the only One.

547. Guru Wahe

Guru Guru Wahe Guru
Guru Ram-Das Guru

548. Tayatha Om Bekandze

Tayatha Om, Bekandze, Bekandze,
Maha Bekandze
Radza Samudgate Soha

Mantra des Medizin-Buddha. Nach der Lehre des Mahayana heilt er alle Krankheiten, auch die der Unwissenheit.

549. Om Mani Padme Hūm

Om Mani Padme Hūm

Mantra des Avalokiteshvara, Buddha des Mitgefühls. (Sein ursprünglicher Name war „Manipadme" = „Juwelen-Lotos". Die Bedeutung des „Hūm" liegt, ebenso wie diejenige von „Om", nicht in einem bestimmten Wortsinn, sondern im Klang.)

550. Praises to Tara

Om Tare Tuttare Ture Soha

Mantra der Göttin Tara.
(Die grüne Tara verkörpert das aktive Mitgefühl aller Buddhas. Obwohl sie auch weltliche Wünsche erfüllen soll, besteht ihr eigentliches Anliegen darin, die Praktizierenden zur Erleuchtung zu führen. Im übertragenen Sinne entspricht sie dem Lakshmi-Prinzip.)

551. How I Wish To Tell You

How I wish to tell you
That you're absolutely beautiful
Your eyes tell a secret
That heart alone can hold
How could anyone fail to notice
That your eyes are like a miracle
The truth that you have shown me
Is finer than gold

Lied an Krishna.

552. Ad Gurenamay

Ad Gurenamay
Jugad Gurenamay
Sat Gurenamay
Siri Guru devay Namay

(Je salue la sagesse primordiale
Je salue la sagess éternelle
Je salue la véritable sagesse
Je salue la pure et grande sagesse
Qui est le maître en moi)

(Ad Sivānanda Jugad Sivānanda
Sat Sivānanda Siri Sivānanda
Namay

Ad Vishnu Swami
Jugad Vishnu Swami
Sat Vishnu Swami
Vishnu Swami Devānanda

Ad Buddha Namay
Jugad Buddha Namay
Sat Buddha Namay
Siri Buddha Devay Namay

Ad Devi Namay
Jugad Devi Namay
Sat Devi Namay
Siri Devi Devay Namay

553. Ach wie flüchtig

Ach wie flüchtig, ach wie nichtig
ist der Menschen Leben!
Wie ein Nebel bald entstehet
und auch wieder bald vergehet,
so ist unser Leben, sehet!

Ach wie nichtig, ach wie flüchtig
sind der Menschen Tage!
Wie ein Strom beginnt zu rinnen
und mit Laufen nicht hält innen,
so führt unsre Zeit von hinnen.

Ach wie flüchtig, ach wie nichtig
ist der Menschen Freude!
Wie sich wechseln Stund
und Zeiten, Licht und Dunkel,
Fried und Streiten,
so sind unsre Fröhlichkeiten.

Ach wie nichtig, ach wie flüchtig
ist der Menschen Schöne!
Wie ein Blümlein bald vergehet,
wenn ein raues Lüftlein wehet,
so ist unsre Schöne, sehet!

Ach wie flüchtig, ach wie nichtig
ist der Menschen Glücke!
Wie sich eine Kugel drehet,
die bald da, bald dorten stehet,
so ist unser Glücke, sehet!

Ach wie nichtig, ach wie flüchtig
sind der Menschen Schätze!
Es kann Glut und Flut entstehen,

dadurch, eh wir uns versehen,
alles muss zu Trümmern gehen.

Ach wie nichtig, ach wie flüchtig
sind der Menschen Sachen!
Alles, alles was wir sehen,
das muss fallen und vergehen.
Wer Gott liebt, wird ewig stehen.

(Michael Franck 1652, Johann Crüger 1661)

554. Om Shanti Shanti Om

Om Shanti Shanti Om
Om Shanti Shanti Om

Om Shri Sache Maha Prabhuki
Jayho Jayho Paramatma Ki Jay

555. Om Namo Bhagavate Bhaishjaye

Om Namo Bhagavate Bhaishjaye
Guru Vaidurya Prabha
Rajaya Tathagatava Arhate
Samyaksam Buddhaya Teyatha

Om Bekhajye Bakhajye Maha
Behajye
Bekhajye Rajaya Samungate
Svaha

556. Let it grow
(Eric Clapton)

Standing at the crossroads
trying to read the signs
to tell me which way I should go
to find the answer and all the
time I know,
Plant your love and let it grow.

Chorus:
Let it grow, let it grow,
let it blossom let it flow
In the sun, the rain, the snow,
love is lovely – let it grow

Looking for a reason to check
out of my mind,
trying hard to get a friend
that I can count on,
but there's nothing left to show,
Plant your love and let it grow

Chorus:
Let it grow, let it grow,
let it blossom let it flow
In the sun, the rain, the snow,
love is lovely – let it grow

Time is getting shorter,
there's much for you to do,
only ask and you will get what
you are needing,
the rest is up to you,
plant your love and let it grow

Chorus:
Let it grow, let it grow,
let it blossom let it flow
In the sun, the rain, the snow,
love is lovely – let it grow

557. We All Come From Goddess

We all come from goddess
and to her we shall return.

Like a drop of rain
flowing to the ocean.

558. Evening rise

Evening rise, spirit come
sun goes down
when the day is done.

Mother Earth awakens me
with the heartbeat of the sea.

559. Ich habe Freude in meinem Herzen

Ich habe Freude in meinem
Herzen, jede Stunde jeden Tag.

Freude, die die Welt
nicht geben kann,
Freude, die die Welt
nicht nehmen kann.

Ich habe Freude in meinem
Herzen, jede Stunde jeden Tag.

Ich habe Frieden in meinem
Herzen, jede Stunde, jeden Tag.

Frieden, den die Welt
nicht geben kann,
Frieden, den die Welt
nicht nehmen kann.

Ich habe Frieden in meinem
Herzen, jede Stunde, jeden Tag.

Ich habe Wahrheit in meinem
Herzen, jede Stunde, jeden Tag.

Wahrheit, die die Welt
nicht geben kann,
Wahrheit, die die Welt
nicht nehmen kann.

Ich habe Wahrheit in meinem
Herzen, jede Stunde, jeden Tag

560. The River is Flowing

The River is flowing
flowing and growing
The River is flowing
Back to the Sea.

Mother Earth carry me
Your child I will always be
Mother Earth carry me
Back to the Sea

561. May the Love we share

May the love we share
May spread it´s wings
Fly across the earth
And bring our joy
to every soul That is alive

May the blessings of the universe
Shine on every one
So that we all see god´s light
Light within

Lokāh Samastāh
Sukhino Bhavantu

May all the beings
in all the worlds be happy

Salam Aleikum
Aleikum A Salam
Salam Aleikum
Aleikum A Salam
Salam Aleikum

562. Om Sat Chit Ananda

Om Sat Chit Ananda
Parabrahma

Purushothama Paramatma
Sri Bhagavathi Sametha
Sri Bhagavathe Namaha

563. Oh Lord hear my prayer

Oh Lord hear my prayer,
oh Lord hear my prayer,
when I call answer me.

Oh Lord hear my prayer,
oh Lord hear my prayer,
come and listen to me.

564. Gate Gate

Gate gate Pāragate
Pārasamgate Bodhi svāhā

*„Gegangen, gegangen, über alles hinaus-
gegangen, über alle Begriffe hinaus."*

*(Das buddh. Herz-Sutra wird auch als
knappste Zusammenfassung der Prajñā-
paramitā-Literatur betrachtet, einer
sechshundertbändigen Bearbeitung der
Lehre Buddhas.)*

Mantrās zur Rezitation

600. Lokāh Samastāh

Lokāh Samastāh Sukhino
Bhavantu (3×)

Mögen alle Wesen Glück
und Harmonie erreichen.

601. Sharanāgata

Om Sharanāgata Dinārta
Paritrāna Parāyane
Sarvasyārti Hare Devi
Nārāyani Namostu Te

*Ehrerbietung der Göttin Narayani, welche
die Verzweifelten und in Not Geratenen,
die bei ihr Zuflucht suchen, rettet.
Gegrüsset seist Du, oh Devi, die Du die
Leiden Deiner Verehrer beseitigst.*

602. Guru Paramparā

Nārāyanam Padmabhavam
Vasishtham,
Shaktim Cha Tatputra
Parāsharam Cha

Vyāsam Shukam
Gaudapādam Mahāntam

Govinda Yogindra
Mathāsya Shishyam.

Shrī Shankarāchārya Mathāsya,
Padmapādam Cha
Hastāmalakamcha Shishyam.

Tam Totakam
Vārtikakāramanyān,

Asmad Gurūn,
Santatamānatosmi.

Shruti Smriti Purānānām
Ālayam Karunālayam,
Namāmi Bhagavadpādam
Shankaram Lokashankaram.

Shankaram Shankarāchāryam
Keshavam Bādarāyanam,
Sūtrabhāshyakritau,
Vande Bhagavantau Punah Punah.

Ishvaro Gururātmeti,
Mūrtibhedavibhāgine,
Vyomavad Vyāptadehāya
Shrī Dakshināmūrtaye Namah.

Shrī Sivānandāya Te Namah.
Shrī Vishnu-devānandāya
Te Namah.

603. Dhyāna Shlokās – Gajānanam

Zu Beginn einer Yogastunde, Lesung
oder eines Vortrags usw. können die
Dhyāna Slokas gesungen werden. Sie
helfen uns, unseren Geist auf Gott in
seinen verschiedenen Aspekten sowie
auf den spirituellen Lehrer einzustellen.

Auch vor der Ausführung unser eigenen
spirituellen Praktiken sowie weltlicher
Aktivitäten können wir sie singen.
In allem Sādhana (spiritueller Praxis)
benötigen wir göttliche Führung. Mit
den Dhyana Slokas können wir alles
Gott widmen und alle unsere Tätigkei-
ten spiritualisieren.

Das Gajānanam folgt nahezu der glei-
chen Sequenz wie das Jaya Ganesha:
Zuerst rufen wir Ganesha an, um alle

Hindernisse zu beseitigen, dann Subrahmanya, um Stärke zu erhalten und alle (inneren und äusseren) negativen Kräfte zu zerstören. Als nächstes folgt Saraswati, um uns göttliches Wissen zu geben. Dann bitten wir den Lehrer (Guru), uns immer zu führen. Wir rufen die göttliche Mutter Durgā Narāyani an, um ihren Segen für all unsere Unternehmungen zu erhalten.

Gajānanam
Bhūtaganādhi Sevitam

Kapitta Jambū Phala
Sāra Bhakshitam

Umā Sutam
Shokavināsha Kāranam

Namāmi Vighneshvara
Pāda Pamkajam

Ich verneige mich zu den Lotusfüßen Ganeshas, der alle Hindernisse beseitigt. Er ist der Sohn von Uma, vernichtet alle Sorgen, hat eine Dienerschar von Bhuta Ganas (Engeln). Er hat einen Elefantenkopf und liebt die Kapittha- und Jambu-Früchte.

Shadānanam
Kumkuma Raktavarnam

Mahāmatim Divya
Mayūra Vāhanam

Rudrasya Sūnum
Surasainya Nātham

Guham Sadāham
Sharanam Prapadye

Ich suche Zuflucht in Sharavanabhava, der in der Höhle (Guha) meines Herzens wohnt, sechs Gesichter hat und von tiefroter Farbe ist. Er besitzt großes Wissen, reitet auf einem Pfau, ist der Sohn Shivas (Rudra) und der Heerführer der Devas (Götter, Engel).

Yā Kundendu Tushāra
Hāra Dhavalā
Yā Shubhra Vastrāvritā

Yā Vīnā Varadanda
Mandita Karā
Yā Sveta Padmāsanā

Yā Brahmāchyuta Shankara
Prabhritibhir
Devaih Sadā Pūjitā

Sā Mām Pātu Saraswati
Bhagavati
Nisshesha Jādyāpahā

Möge die Göttin Saraswati mich beschützen. Sie trägt eine Girlande, weiss wie die Kunda-Blume, wie der Schnee und der Mond. Sie trägt weisse Kleider, spielt die Vina und segnet uns. Sie sitzt auf einem weissen Lotus und wird ständig von Brahma, Vishnu und Shiva verehrt. Sie beseitigt alle Trägheit und Faulheit.

Om Namah Shivāya Gurave
Sat-Chid-Ānanda Mūrtaye

Nishprapanchāya Shāntāya
Shrī Sivānandāya Te Namaha
Shri Vishnu-devānandāya
Te Namaha

Verehrung dem Guru Shiva, der sich in Swami Sivananda manifestiert. Er ist die Verkörperung von absolutem Sein, Wissen und Glückseligkeit. In ihm existiert keine Weltlichkeit, und er ist immer friedvoll. Verehrung unserem Meister Swami Sivananda.

Om Sarva Mangala Māngalye
Shive Sarvārtha Sādhike
Sharanye Tryambake Gauri
Nārāyani Namostute

Verehrung der dreiäugigen Mutter Narayani. Sie bringt Glück und erfüllt alle Wünsche des Suchers (sowohl materielle als auch spirituelle).

604. Krishna Krishna Mahāyogin

Krishna Krishna Mahāyogin
Bhaktānām Abhayamkara

Govinda Paramānanda
Sarvam Me Vasha Māna Ya

Krishna, oh großer Yogi, Du nimmst die Furcht von Deinen Verehrern.
Oh Govinda, höchste Wonne, gib, dass ich den Dingen nicht hilflos ausgeliefert bin. (Mantra für Erfolg und gegen negative Einflüsse)

605. Krishnāya Govindāya

Om Hrīm Shrīm Klīm
Krishnāya Govindāya
Gopijana Vallabhāya

606. Om Namo Nārāyanāya

Om Namo Nārāyanāya
Dāsoham Tava Keshava

607. Om Aim Tripurā

Om Aim Tripurā Devyai Cha
Vidmahe
Klīm Kāmeshwaryai Cha Dhīmahi
Saum Tannah Klīne
Prachodāyāt

608. Om Aim Hrīm Klīm

Om Aim Hrīm Klīm
Chāmundāye Vicche Namah

Dies ist das Shakti Mantra.
Aim ist das Bija Mantra von Saraswati.
Hrim ist das Bija Mantra von Durga,
Klim das Bija Mantra von Lakshmi.
Chamunda ist ein Name von Kālī.

609. Om Shrī Rāma Rāma Rāmeti

Om Shrī Rāma Rāma Rāmeti
Rame Rāme Manorame
Sahasranāma Tattulyam
Rāma Nāma Varānane

Mantra zur Umwandlung von weltlicher in spirituelle Energie, zur Wiedergewinnung von in selbstlosem Dienst und viel Reden ausgegebener Energie und zur Wiedergewinnung von Inspiration und Freude.

610. Gāyatri Mantra

Om Bhūr Bhuvah Swah
Tat Savitur Varenyam
Bhargo Devasya Dhīmahi
Dhiyo Yo Nah Prachodayāt

Lasst uns meditieren über das verehrungswürdige göttliche strahlende Licht, welches die physische, astrale und kausale Welt geschaffen hat. Möge es unser Verständnis erleuchten.

611. Dhanvantari-Gebet

Shankham chakram
jalaukam dadhatāmruta

Ghatam charu dhorābhini
cha cha turbhihi

Sūkshma svacha ati
hridayamsuka parivilasam
maulimam bhojanetram

Kālāmbhodo jvalangam katitata
Vilasas chārupītambarādhyam

Vande Dhanvantarim tam
nikhila gadavana praudha
davagni lilam

Mantra des Dhanvantari, das von Ayurveda-Ärzten vor Beginn einer Therapie rezitiert wird.

612. Om Gam Ganapataye

Om Gam Ganapataye Namah
Om Sharavanabhavaya Namah
Om Aim Saraswatyai Namah
Om Gum Gurubhyo Namah

Om Namo Bhagavate
Sivānandāya
Om Namo Bhagavate
Vishnu-devānandāya
Om Ādi Shaktyai Namah

613. Ganesha Gayatri

Om Tatpurushaya Vidmahe
Vakratundaya Dhimahi
Tanno Danti Prachodayat

614. Hanumad Gayatri

Om Anjaneyaya Vidmahe
Vayuputraya Dhimahi
Tanno Hanuman Prachodayat

Gebete vor Mahlzeiten

650. Anna Pūrna Stotram

Anna Pūrne Sadā Pūrne
Shankara Prāna Vallabhe
Jnāna Vairāgya Siddhyartham
Bhikshām Dehi Cha Pārvati

Göttin der Nahrung, Du bist allzeit die Fülle; Du bist die Gattin Shivas. Oh Parvati, gib mir zum Erwerb von Leidenschaftslosigkeit und Wissen Dein Almosen.

Mātācha Pārvatī Devī
Pitā Devo Maheshwarah
Bāndhavāh Shiva Bhaktāscha
Swadesho Bhuvanatrayam
Namah Pārvatī Pataye Hara
Hara Mahādev

651. Bhagavad Gītā Shlokās

Annād Bhavanti Būtāni
Parjanyād Annasambhavah

Yajnād Bhavati Parjanyo
Yajnah Karmasamudbhavah

Die Wesen entstehen aus der Nahrung; die Nahrung entsteht aus dem Regen; der Regen entsteht aus dem Opfer; das Opfer entsteht aus dem Handeln (III.14).

Brahmārpanam Brahmahavir
Brahmāgnau Brahmanāhutam
Brahmaiva Tena Gantavyam
Brahmakarma Samādhinā

Brahman ist die Opfergabe. Brahman ist der Brennstoff des Opferfeuers. Durch Brahman wird die Opfergabe in das Feuer Brahmans gegossen.

Wer allezeit das Wirken Brahmans sieht, wird wahrlich Brahman erreichen (IV.24).

Aham Vaishwānaro Bhūtvā
Prāninām De HamāShrītah
Prānāpāna Samāyuktah
Pachāmyannam Chaturvidham

In den Körpern der Lebewesen weilend zum Verdauungsfeuer geworden, koche ich, verbunden mit dem Prana und dem Apana, die vierfache Nahrung (XV.14).

Sūrya Mantrās

660. Sūrya Namaskār - Sonnengruß-Mantrās

1. Om Mitrāya Namaha
Ich neige mich vor dem Göttlichen in der Sonne, welches liebevoll zu allen ist.

2. Om Ravaye Namaha
Ich neige mich vor Ihm, der die Ursache allen Wandels ist.

3. Om Sūryāya Namaha
Verehrung dem, der Aktivität herbeiführt.

4. Om Bhānave Namaha
Gruß an Ihn, der Licht verbreitet.

5. Om Kagāya Namaha
In Demut gebeugt vor Ihm, der sich im Himmel (über den Wolken) bewegt.

6. Om Pūshne Namaha
Verehrung Ihm, der alle nährt.

7. Om Hiranyagarbhāya Namaha
In Demut gebeugt vor Ihm, der allen Wohlstand enthält.

8. Om Marīchaye Namaha
Verehrung Ihm, der Strahlen besitzt.

9. Om Ādityāya Namaha
Ich neige mich vor Ihm, welcher der Sohn von Aditi ist.

10. Om Savitre Namaha
Verehrung Ihm, der verehrungswürdig ist.

11. Om Arkāya Namaha
In Demut gebeugt vor Ihm, der alles von neuem erzeugt.

12. Om Bhāskarāya Namaha
In Demut gebeugt vor Ihm, der die Ursache des Leuchtens ist.

661. Om Sūryam Sundara

Dhyâna-Shloka für Gebet und Meditation

Om Sūryam Sundara Lokanātham
Amritam Vedāntasāram Shivam

Jnānam Brahmamayam
Sureshamamalam
Lokaikachittam Swayam

Indrāditya Narādhipam Suragurum
Trailokya Chūdāmanim

Brahma-Vishnu-Shiva-Swarūpa
Hridayam
Vande Sadā Bhāskaram

Ich verehre Surya, den wunderbaren Herrn der Welt, den Unsterblichen, die Quintessenz der Vedanta, der Segensreiche, das Absolute Wissen, der die Gestalt Brahmans ist, der Herr der Götter, ewig rein, das eine wahre Bewußtsein der Welt selbst, der Herr von Indra, den Göttern und der Menschen, Lehrer der Götter, der Juwel der 3 Welten, das Herz der Formen von Brahma, Vishnu und Shiva

662. Om Ādityāya Vidmahe – Sūrya Gāyatri

Om Ādityāya Vidmahe
Sahasra-Kiranāya Dhīmahi
Tannah Sūryah Prachodayāt

Wir erkennen Surya. Wir meditieren über Surya mit 1000 Strahlen. Möge Er unser Verständnis erleuchten.

663. Om Ghrinihi

Mantra zur Rezitation

Om Ghrinihi Sūrya Ādityaha

664. Om Namo Bhagavate Shrī Sūryāya – Châkshushmatî Vidyâ Mantra

Om Namo Bhagavate Shrī Sūryāya
Ādityāya Akshitejase
Aho Vāhini Vāhini Svāhā

Verehrung dem Surya, welcher aus dem Unendlichen kommt, welcher das Licht (die Kraft) unserer Augen ist. Alles wird Surya in Verehrung geopfert, welcher den Tag wie auch das ganze Universum trägt.

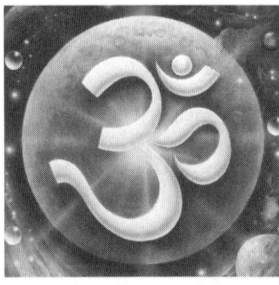

*Verneigungen vor Dir, Wind! Du bist
wirklich das sichtbare Brahman.
Ich werde Dich als das sichtbare Brahman
verkünden. Ich werde einfach nur Dich
rufen. Ich werde Dich Wahrheit nennen.
Möge das Göttliche mich beschützen.
Möge Es den Lehrer beschützen.
Om Frieden, Frieden, Frieden.*

670. Shānti Mantrās

*Shanti Mantras helfen, eine Schwingung
des Friedens zu erzeugen. Frieden mit
allen körperlichen Wesen, mit unserem
Lehrer, mit den Devas oder Engeln sowie
mit den verschiedenen Teilen unseres
Körpers.*

Om
Sham No Mitrah
Sham Varunaha
Sham No Bhava Tvaryamā
Sham Na Indro Brihaspatihi
Sham No Vishnururu Kramaha
Namo Brahmane, Namaste Vāyo
Tvameva Pratyaksham Brahmāsi
Tvāmeva Pratyaksham Brahma
Vadishyāmi
Ritam Vadishyāmi
Satyam Vadishyāmi
Tan Māmavatu
Tad Vaktāram-Avatu
Avatu Mām, Avatu Vaktāram
Om Shāntih, Shāntih, Shāntih

*Om. Möge die Sonne gut zu uns sein.
Möge der Gott der Wasser gut zu uns sein.
Möge Aryama gut zu uns sein, möge der
König der Götter und mögen die Lehrer
der Götter gut zu uns sein. Möge Vishnu
der großen Schritte gut zu uns sein.
Verneigungen vor dem Höchsten.*

Om Saha Nāvavatu
Saha Nau Bhunaktu,
Saha Vīryam Karavāvahai
Tejas Vinā Vadhī Tamastu,
Mā Vidvishāvahai
Om Shāntih, Shāntih, Shāntih

*Om. Möge das Göttliche uns beide beschüt-
zen, Lehrer und Schüler. Möge Es uns
beide die Wonne der Befreiung geniessen
lassen. Mögen wir beide un anstrengen,
die wahre Bedeutung der Schriften zu erfassen. Möge unser Lernen ausgezeichnet
sein. Mögen wir niemals miteinander
streiten. Om Frieden, Frieden, Frieden.*

Om Āpyāyantu Mamāngāni
Vāk Prānas Chakshuh Shrotram
Atho Balam Indriyāni Cha
Sarvāni
Sarvam Brahmopanishadam
Māham Brahma Nirākuryām
Mā Mā Brahma Nirākarod
Anirākaranam Astu
Anirākaranam Me Astu
Tadātmani Nirate
Ya Upanishatsu Dharmāh
Te Mayi Santu, Te Mayi Santu
Om Shāntih, Shāntih, Shāntih

*Om. Mögen meine Glieder, Sprache,
Lebensenergie, Auge, Ohr, Stärke und
alle meine Sinne zu großer Vitalität*

heranwachsen. All diese sind das Brahman der Upanishaden. Möge ich niemals Brahman verleugnen. Möge Brahman mich niemals zurückweisen. Möge es niemals Zurückweisung durch das Brah-man geben. Lasse sich all die Tugenden, von denen in den Upanishaden geschrieben steht, in mir festigen. Möge ich mich erfreuen in meinem Selbst. Mögen die Tugenden sich in mir festigen. Om Frieden, Frieden, Frieden.

**Om Bhadram Karnebhih
Shrinuyāma Devāha
Bhadram Pashye
Mākshabir Yajatrāh
Sthirair-Angais
Tushtuvaamsas-Tanubhihi
Vyashema Devahitam Yadāyuhu
Svasti Na Indro Vriddhashravāh
Svasti Nah Pūshā Vishwa Vedāh
Svasti Nas-Tārkshyo
Arishtanemihi
Svasti No Brihaspatir Dadhātu
Om Shāntih, Shāntih, Shāntih**

Om. Götter! Mögen wir mit nseren Ohren hören was gut für uns ist. Oh ja, mögen wir mit unseren Augen erblicken, was gut für uns ist. Mögen wir das Leben, das uns von den Göttern zugeteilt wurde, geniessen, und die Götter mit unserem Körper preisen. Möge Indra, der Mächtige, uns ehrwürdigen Ruhm und Glück gewähren. Möge Er, der Ernährer und Besitzer allen Wohlstands, uns das geben, was gut für uns ist. Möge die Gottheit der schnellen Bewegung gnädig zu uns sein, und möge der Be-schützer der Großen auch uns beschützen. Om Frieden, Frieden, Frieden.

**Om Yash Chhandasām Rishabho
Vishwa Rūpah
Chhan Dobhy' Odhy Amritāt
Sam Babhūva
Sa Mendro Medhayā Sprinotu
Amritasya Deva Dhārano
Bhūyāsam
Sharīram Me Vichar Shanam
Jihwā Me Madhu Mat Tamā
Karnā Bhyām Bhūri Vishruvam
Brahmanah Koshosi Medhayā
Apihitah
Shrutam Me Gopāya
Om Shāntih Shāntih Shāntih**

Om. Möge er, der Gott aller Wesen, der über alle Veden und ihren Nektar hinaus-ragt, mich mit Weisheit segnen. Möge ich geschmückt sein mit dem Wissen über Brahman, das zur Unsterblichkeit führt. Möge mein Körper stark und kräftig sein (um über Brahman meditieren zu können). Möge meine Zunge immer angenehm sprechen. Möge ich viel mit meinen Ohren hören. Du bist die Hülle Brahmans, der durch weltliche Makel verdeckt ist (und nicht durch den Intellekt erfassbar). Möge ich nie vergessen, was ich gelernt habe. Om Frieden, Frieden, Frieden.

**Om Aham Vrik-Shasya Reriva
Kīrtih Prishtham Girereva
Urdhwa Pavitro Vājinīva
Swamritam Asmi
Dravinam Savar-Chasam
Sumedha Amritok-Shitah
Iti Trishankor-Veda Anu Vachanam
Om Shāntih, Shāntih, Shāntih**

Om. Ich bin der Zerstörer des Baums (von Tod und Wiedergeburt). Mein Ruf ist so hoch wie der Gipfel des Berges.

*Ich bin in meiner Essenz rein wie die
Sonne. Ich bin das höchste Gut. Ich bin
allwissend, unsterblich, unzerstörbar.
Das verwirklichte Trishanku.
Om, Frieden, Frieden, Frieden.*

Om Vāng Me Manasi Pratishthitā
Mano Me Vāchi Pratishthitam
Avirā Avīrma Edhi
Vedasya Ma Anīsthah
Shrutam Me Mā Prahāsīh
Anena Adhītena
Aho Ratrān Sanda Dhāmi
Ritam Vadishyāmi
Satyam Vadishyāmi
Tan Māmavatu
Tad Vaktāram-Avatu
Avatu Mām, Avatu Vaktāram,
Avatu Vaktāram
Om Shāntih, Shāntih, Shāntih

*Om. Lasse das, was ich sage, auch in
meinen Gedanken sein. Lasse meine Gedanken auch in meiner Rede sein. Gib,
dass Brahman sich mir enthüllt. Lass
Geist und Rede mich befähigen, die
Wahrheit der Veden zu erfassen. Lass
das, was ich höre, nicht vergeblich sein.
Lass mich Tag und Nacht mit Lernen
und Nachdenken verbringen. Ich denke
Wahrheit. Ich spreche Wahrheit. Möge
diese Wahrheit mich beschützen. Möge
die Wahrheit den Lehrer beschützen. Beschütze mich. Beschütze den Lehrer. Om,
Frieden, Frieden, Frieden.*

Om Bhadram No Api Vātaya Manah
Om Shāntih Shāntih Shāntih

*Om. Möge mein Geist und all das (Kör-
per, Sinnesorgane, Lebensenergien usw.)
gut und gesund sein. Om, Frieden, Frieden, Frieden.*

Om Yo Brahmānam Vidadhāti
Pūrvam
Yo Vai Vedāmscha Prahinoti Tasmai
Tam Ha Devam Atma Buddhi
Prakāsham
Mumukshur Vai Sharanam
Aham Prapadye
Om Shāntih Shāntih Shāntih

*Om. Zu Ihm nehme ich Zuflucht, der
dieses Universum zu Beginn geschaffen
hat und den die Veden ruhmreich preisen, mit festem Vertrauen und Glauben,
dass mein Intellekt erstrahlen möge vom
Wissen über Brahman. Om, Frieden,
Frieden, Frieden.*

680. Pratama Stotram von Shri Shankaracharya
(**Morgenverse vor der Meditation**)

Prātah Smarāmi Hridi Samsphura
DatmaTatwam
Sat Chit Sukham Parama Hamsa
Gatim Turīyam
Yat Svapna Jāgara Sushuptim
Avaiti Nityam
Tadbrahma Nish-Kala-Maham
Na Cha Bhūta Sanghah

*In der Morgendämmerung meditiere ich
im Herzen über den strahlenden Atman,
der absolutes Sein, Wissen und Wonne
ist, das höchste Ziel der großen Weisen.
Ich bin jener unteilbare Brahman jenseits
des Wach-, Traum- und Tiefschlafzu-
standes und nicht eine reine Ansammlung physischer Elemente.*

Prātar Bhajāmi Manasā
Vachasām Agamyam
Vācho Vibhānti Nikhilā Yad

Anu-Grahena
Yam Neti Neti Vachanaih
Nigamā Avochuh
Tam Deva Devam Ajam
Achyutam Āhuragryam.

*Am frühen Morgen verehre ich die Höchste
Göttliche Wirklichkeit, die jenseits der
Reichweite von Geist und Sprache ist.
Durch deren Gnade die Sprache selbst
sich überhaupt manifestieren kann.
Die die Schriften in der Verneinung beschreiben als „nicht dies, nicht das". Die
die Weisen beschreiben als nie geboren,
unveränderlich, Gott der Götter, und
ewigen Ursprung von allem.*

Prātar Namāmi Tamasah Param
Arkavarnam
Pūrnam Sanātana Padam
Purushottam-Ākhyam
Yasminn Idam Jagad Ashesham
Ashesha Mūrtau
Rajvām Bhujangama Iva
Pratibhā Sītām Vai

*Am Morgen verbeuge ich mich vor dem
Höchsten Strahlenden Wesen jenseits
aller Dunkelheit, der unendlichen ewigen
Wirklichkeit. Alles im Universum und
alle Wesen sind über sie gelagert so wie
ein Seil als Schlange erscheinen mag.*

Shloka Trayam Idam Punyam
Lokatraya Vibhūshanam
Prātah Kāley Pathet Yastu
Sa Gacchet Paramam Padam

*Wer diese heiligen Verse, die Zierde der
drei Welten, frühmorgens rezitiert, wird
den höchsten Zustand erreichen.*

681. Hymne
nach der Meditation

Namostvanantāya Sahasra Mūrtaye
Sahasra Pādā Akshi Shiroru Bāhave
Sahasra Nāmne Purushāya Shāshvate
Sahasrakoti Yuga Dhārine Namah

*Verehrung dem Ewigen Purusha, der
zahllose Namen und Formen, Füße,
Augen, Köpfe und Hände hat. Er ist ewig
und zeitlos. Verehrung dieser unendlichen Göttlichen Wirklichkeit.*

682. Mangalam
Bhagavān Vishnuh

Mangalam Bhagavān Vishnuh
Mangalam Garuda Dhwaja
Mangalam Pundarīka Aksha
Mangalāyatano Harih.

*Möge Vishnu uns Glück und Erfolg
schenken. Möge Garuda(Vogelmensch,
auf dem Vishnu fliegt; Adler, König der
Vögel) uns Glück und Segen schenken.
Möge dieser Gott mit den lotosgleichen
Augen uns Segen bringen. Alles Glück
kommt letztlich von Gott.*

690. Guru Stotram

Auf dem spirituellen Weg benötigt man Führung. Wir rufen die Energie des Gurus an, der in Wahrheit in unserem eigenen Selbst ist. Mit den Guru Stotras können wir uns auf unseren Meister einstimmen, dessen Liebe und Gnade uns über viele Hindernisse hinweg führen wird.

Brahmānandam
Paramasukhadam
Kevalam Jnānamūrthim
Dvandvā-Tītam
Gagana Sadrisham
Tatvamasyādi Lakshyam

Ich grüße den Guru, der die Inkarnation der höchsten Wonne ist. Er bringt Freude, ist befreit, ist die Verkörperung höchster Weisheit. Er ist jenseits aller Gegensatzpaare (wie Zuneigung/Abneigung). Er ist alldurchdringend wie der Raum. Er hat das Ziel der Formel „Tat Twam Asi" – „Das bist Du" erreicht.

Ekam Nityam
Vimalam Achalam
Sarvadhī Sākshibhūtam
Bhāvātītam Triguna Rahitam
Sad-Gurum Tam Namāmi

Ich verneige mich vor dem Guru, der das eine ohne ein zweites ist. Er ist ewig, rein und unbewegt. Er kennt alle Herzen. Er ist jenseits unserer Vorstellungskraft und frei vom Spiel der drei Eigenschaften in der Natur.

Chaitanyam
Shāshwatam Shāntam
Nirākāram Niranjanam
Nāda Bindu Kalātītam
Tasmai Shrī Gurave Namaha

Verehrung dem Guru, der das Bewusstsein selbst ist, friedvoll, ewig, gestaltlos und makellos. Er ist jenseits von Zeit, Raum und Kausalität.

Gurur Brahmā Gurur Vishnur
Gurur Devo Maheshwaraha
Guruh Sākshāt Para Brahma
Tasmai Shrī Gurave Namaha

Der Guru ist der Schöpfer (unseres spirituellen Strebens), der Beschützer (unserer Bestrebungen) und der Zerstörer (unserer schlechten Eigenschaften). Der Guru selbst ist eins mit dem höchsten Wesen. Verehrung dem Guru.

Ajnāna Timirāndhasya
Jnānānjana Shalākayā
Chakshur Unmīlitam Yena
Tasmai Shrī Gurave Namah

Verehrung dem Guru, der mit dem Skalpell der Weisheit den blind machenden Katarakt der Unwissenheit beseitigt und so unser inneres Auge öffnet, damit wir die Wahrheit erkennen können.

Dhyāna Mūlam Guror Mūrthih
Pūjā Mūlam Guroh Padam
Mantra Mūlam Guror Vākyam
Moksha Mūlam Guroh Kripā

Über die Gestalt des Guru kann man meditieren. Die Füße des Guru sind verehrungswürdig. Aus dem Mund des Guru kommt das Mantra. Durch die Gnade des Guru erlangen wir die Befreiung.

Om Namah Shivāya Gurave
Satchidānanda Mūrthaye
Nishprapanchāya Shāntāya
Shrī Shivānandāya Te Namaha
Shrī Vishnu-devānandaya
Te Namaha

_Verehrung dem Guru Shiva, der sich
in Swami Sivananda manifestiert.
Er ist die Verkörperung von absolutem
Sein, Wissen und Glückseligkeit. In ihm
existiert keine Weltlichkeit, und er ist
immer friedvoll. Verehrung unserem
Meister Swami Siva-nanda._

**Mātācha Pārvati Devi
Pitā Devo Maheshwarah
Bāndhavāh Shiva Bhaktāscha
Svadesho Bhuvana Trayam**

**Namah Pārvati Pataye
Hara Hara Mahādeva**

_Meine Mutter ist die Göttin Parvati.
Mein Vater ist Gott Shiva. Alle Kinder
Gottes sind meine Freunde. Verehrung
der Parvati. Verehrung dem Shiva._

Om Sarva Mangala Māngalye
Shive Sarvārtha Sādhike
Sharanye Tryambake Gauri
Nārāyani Namostute

_Verehrung der dreiäugigen Mutter Nara-
yani. Sie bringt Glück und erfüllt alle
Wünsche des Suchers (sowohl materielle
wie auch spirituelle)._

691. Hymne aus dem Devi Māhātmyam

Yā Devī Sarvabhūteshu
Vishnumāyeti Shabditā
Namastasyai, Namastasyai,
Namastasyai Namo Namaha

_Verehrung der Devi (Göttin), die in allen
Wesen als Maya Vishnus wohnt. Ich ver-
neige mich vor ihr wieder und wieder.
Yā Devī Sarvabhūteshu_

Chetanetyabhidhīyate
Namastasyai, Namastasyai,
Namastasyai Namo Namaha
_Verehrung der Devi (Göttin), die in allen
Wesen als Bewusstsein wohnt. Ich neuge
mich vor ihr wieder und wieder._

Yā Devī Sarvabhūteshu
Buddhirūpena Samsthitā
Namastasyai, Namastasyai,
Namastasyai Namo Namaha
...Intelligenz...

Yā Devī Sarvabhūteshu
Nidrārūpena Samsthitā
Namastasyai, Namastasyai,
Namastasyai Namo Namaha
...Schlaf...

Yā Devī Sarvabhūteshu
Kshudhārūpena Samsthitā
Namastasyai, Namastasyai,
Namastasyai Namo Namaha
...Hunger...

Yā Devī Sarvabhūteshu
Chhāyārūpena Samsthitā
Namastasyai, Namastasyai,
Namastasyai Namo Namaha
...Vernunft...

Yā Devī Sarvabhūteshu
Shaktirūpena Samsthitā
Namastasyai, Namastasyai,
Namastasyai Namo Namaha
...Energie...

Yā Devī Sarvabhūteshu
Trishnārūpena Samsthitā
Namastasyai, Namastasyai,
Namastasyai Namo Namaha
...Durst und Begierde...

Yā Devī Sarvabhūteshu
Kshāntirūpena Samsthitā
Namastasyai, Namastasyai,
Namastasyai Namo Namaha
...*Vergebung...*

Yā Devī Sarvabhūteshu
Jātirūpena Samsthitā
Namastasyai, Namastasyai,
Namastasyai Namo Namaha
...*Gattung, Nationalbewusstsein,
Identifikation...*

Yā Devī Sarvabhūteshu
Lajjārūpena Samsthitā
Namastasyai, Namastasyai,
Namastasyai Namo Namaha
...*Bescheidenheit...*

Yā Devī Sarvabhūteshu
Shāntirūpena Samsthitā
Namastasyai, Namastasyai,
Namastasyai Namo Namaha
...*Frieden...*

Yā Devī Sarvabhūteshu
Shraddhārūpena Samsthitā
Namastasyai, Namastasyai,
Namastasyai Namo Namaha
...*Glaube...*

Yā Devī Sarvabhūteshu
Kāntirūpena Samsthitā
Namastasyai, Namastasyai,
Namastasyai Namo Namaha
...*Schönheit...*

Yā Devī Sarvabhūteshu
Lakshmīrūpena Samsthitā
Namastasyai, Namastasyai,
Namastasyai Namo Namaha
...*Glück...*

Yā Devī Sarvabhūteshu
Vrittirūpena Samsthitā
Namastasyai, Namastasyai,
Namastasyai Namo Namaha
...*Gedanke, Bewegung...*

Yā Devī Sarvabhūteshu
Smritirūpena Samsthitā
Namastasyai, Namastasyai,
Namastasyai Namo Namaha
...*Erinnerung, Gedächtnis...*

Yā Devī Sarvabhūteshu
Dayārūpena Samsthitā
Namastasyai, Namastasyai,
Namastasyai Namo Namaha
...*Barmherzigkeit...*

Yā Devī Sarvabhūteshu
Tushtirūpena Samsthitā
Namastasyai, Namastasyai,
Namastasyai Namo Namaha
...*Zufriedenheit...*

Yā Devī Sarvabhūteshu
Mātrirūpena Samsthitā
Namastasyai, Namastasyai,
Namastasyai Namo Namaha
...*Mutter...*

Yā Devī Sarvabhūteshu
Bhrāntirūpena Samsthitā
Namastasyai, Namastasyai,
Namastasyai Namo Namaha
...*Irrtum und Wahrheit...*

Indriyanāmadhishthatri
Bhutānam Chākhileshu Ya
Bhūteshu Satatam Tasyai
Vyāptidevyai Namo Namaha

*Verneigung vor der alldurchdringenden
Devi, die die Sinne aller Wesen lenkt und
die Elemente regiert.*

Chitirūpena Yā
Kritsnametadvyāpya Sthitā Jagat

Namastasyai, Namastasyai,
Namastasyai Namo Namaha

*Verneigung wieder und wieder vor Ihr,
die diese ganze Welt als Bewusstsein
durchdringt.*

Stutā Suraih Pūrvamabhīshta-
samshrayāttathā Surendrena
Dineshu Sevitā

Karotu Sā Nah
Shubhaheturīshvarī
Shubhāni Bhadrānyabhihantu
Chāpdah

*Möge Sie, die Göttin, die früher von den
Devas zur Erfüllung ihres Vorhabens angerufen wurde und die täglich vom
Herrn der Devas verehrt wird, die Quelle
alles Guten, für uns alles Glückverheis-
sende bewirken und unserer Not ein
Ende machen.*

692. Purusha Sūktam
Hymne an das Kosmische Göttliche Wesen

Om Sahasra Shīrshā Purushah
Sahasrākshah Sahasrapāt
Sa Bhūmim Vishvato Vrutvā
Atyatishthad Dasāngulam

Purusha Evedam Sarvam
Yadbhūtam Yaccha Bhavyam
Utāmritattwasyeshānah
Yadanne Nāti Rohati

Etāvānasya Mahimā
Ato Jyāyāmshcha Pūrushah
Pādo-Asya Vishwā Bhūtāni
Tripādasyāmritam Divi

*Der Purusha, das Kosmische Wesen, hat
tausend Köpfe, tausend Augen, tausend
Füße. Er umschließt die Erde ganz und
ragt zehn Fingerlängen über sie hinaus.
Alles Existierende ist allein der Purusha.
Alles, was jemals war und immer sein
wird ist Purusha. Er ist der Herr der
Unsterblichkeit, denn in seiner Form als
Nahrung (steht für das Universum)
transzendiert er alles. So herrlich und
noch großartiger ist der Purusha. Ein
Viertel von Ihm ist die Schöpfung, alle
Wesen, (während) drei Viertel von Ihm
als das Unsterbliche Wesen darüber steht
.*

Tripādūrdhwa Udait-Purushah
Pādo Syehā Bhavāt Punah
Tato Vishvang Vyakrāmat
Sā Shanānashane Abhi

Tasmād Virāda Jāyata
Virājo Adhi Pūrushah
Sa Jāto Atyarichyata
Pashchād Bhūmi Matho Purah

*Der dreifüßige (d.h. unsterbliche)
Purusha stand über allem. Einer seiner
Füße war dies (die Welt des Werdens).
Dann durchdrang er (alles) allumfas-
send, das Bewusste wie auch das Unbe-
wusste. Aus diesem (Höchsten Wesen)
entsprang der Kosmische Organismus
(Virat) und in diesem Kosmischen
Körper manifestierte sich die allgegen-
wärtige Intelligenz. Nachdem Er sich
so manifestiert hatte, erschien Er als
Vielheit, als diese Erde und dieser
Körper.*

Yat Purushena Havishā
Devā Yajna Matanvata
Vasanto Asyā Sīdājyam
Grīshma Idhmas-Sharaddhavih

*Die Devas (Engelswesen) führten geistig
ein allumfassendes Opferritual mit dem
Purusha selbst als Opfergabe aus (da es
nichts Materielles außer dem Purusha
gab). Der Frühling war die gereinigte
Butter, der Sommer das Brennmaterial
und der Herbst die Opfergabe.*

Saptāsyāsan Paridhayah
Trih Sapta Samidhah Kritāh
Devā Yadyajnam Tanvānāh
Abadhnan Purusham Pashum

*Es gab sieben Einfriedungen am heiligen
Altar (die sieben Versmaße, wie beim
Gayatri) und einundzwanzig (die zwölf
Monate, die fünf Jahreszeiten, die drei
Welten und die Sonne) Baumstämme als
heiliges Brennmaterial, als die Götter
(die Pranas - die Lebensenergien -,
die Sinne und der Geist) das universelle
Opfer mit dem Höchsten Purusha als
das Objekt der Verehrung zelebrierten.*

Tam Yajnam Barhishi Praukshan
Purusham Jātamagratah
Tena Devā Ayajanta
Sādhyā Rishayashcha Ye

*Ihre Opfergabe bestand darin, dass sie
den Purusha als Gegenstand ihrer Meditation wählten. Er, der vor aller Schöpfung war und sie, die Devas (Engelswesen),
Sadhyas (Götterwesen, die Gebete der
Veden repräsentieren) und Rishis (Weise,
Seher) führten (dieses erste Opfer) aus.*

Tasmāt Yajnāt Sarvahutah
Sambhritam Prishadājyam
Pashūm Stām Shchakre Vāyavyān

Āranyān Grāmyāshcha Ye
Tasmād Yajnāt Sarvahutah
Richah Sāmāni Jajnire
Chchandāmsi Jajnire Tasmāt
Yajus Tasmād Ajāyata

*Aus diesem (Purusha) in Form einer uni-
versellen Opfergabe entstand die heilige
Mischung aus Yoghurt und Ghee (gerei-
nigte Butter) (für die Opfergabe).
(Dann) schuf er die Wesen der Lüfte, die
Tiere des Waldes und auch die Haustiere.
Aus diesem (Purusha), der allumfassen-
den Opfergabe, entstanden die Riks
(Verse des Rigveda) und Samans (Lieder
des Samaveda); aus Ihm wurden die
Versmaße (der Mantras) und die Yajus
(Opfersprüche des Yajurveda) geboren.*

Tasmādaswā Ajāyanta
Ye Ke Chobhayā Datah
Gāvo Ha Jajnire Tasmāt
Tasmāj-Jātā Ajāvayah
Yat-Purusham Vyadadhuh
Katidhā Vyakalpayan
Mukham Kimasya Kau Bāhū
Kāvūrū Pādāvuchyete

*Aus Ihm gingen die Pferde und Tiere mit
zwei Zahnreihen hervor, sowie die Kühe,
Ziegen und Schafe. Und in wie viele Teile
teilten sie den Purusha in ihrer Meditation
über Ihn? Was wurde aus Seinem Mund,
Seinen Augen, Seinen Beine, Seinen Füßen?*

Brāhmanosya Mukhamāsīt
Bāhū Rājanyah Kritah
Ūrū Tadasya Yad Vaishyah
Padbhyām Shūdro Ajāyata
Chandramā Manaso Jātah
Chakshoh Sūryo Ajāyata
Mukhādindrashchāgnish Cha
Prānād-Vāyurajāyata

Das Brahmana (spirituelle Weisheit und Größe) war sein Mund. Der Stand der Kshatriya (Krieger) waren seine Arme. Seine Beine wurden zu Vaisya (Kaufleute). Aus Seinen Füßen entstand Shudra (Dienerkaste). Der Mond (Symbol des Geistes) ging aus Seinem (Kosmischen) Geist hervor; die Sonne (Symbol des wahren Selbst) aus Seinen Augen. Indra und Agni (Feuer) kamen aus Seinem Mund; aus Seiner Lebensenergie wurde Vayu (Luft) geboren.

Nābhyā Āsīdantariksham
Shīrshno Dyauh Samavartata
Padbhyām Bhūmir Dishah Srotrāt
Tathā Lokānakalpayan

(In dieser universellen Meditation als Opfer) entstand das Firmament aus Seinem Nabel, die Himmel aus Seinem Kopf, die Erde aus Seinen Füßen, aus Seinen Ohren der Raum, die vier Himmelsrichtungen; so schufen sie die Welten.

Vedāhametam Purusham Mahāntam
Āditya Varnam Tamasastu Pāre
Sarvāni Rūpāni Vichitya Dhīrah
Nāmāni Kritwā-Bhivadan Yadāste

Dhātā Purastādyamudājahāra
Shakrah Pravidwān
Pradishashchatasrah
Tamevam Vidwānamrita Iha Bhavati
Nānyah Panthā Ayanāya Vidyate

Mittels dieses Opfer (der universellen Meditation) verehrten die Götter das Opfer (das allumfassende Wesen) und vollbrachten (visualisierten) es so.
Dies waren die ursprüngliche Schöpfung und die ihr zugrundeliegenden Gesetze (die die Schöpfung erhalten). Diejenigen großen Verehrer (des Kosmischen Seins mittels dieser Art der Meditation) erreichen jenen himmlischen Wohnsitz,

wo jene ursprünglichen Meditierenden wohnen (die oben erwähnten Götter und Himmelswesen), die das allumfassende Wesen erstmals so verehrten.

Yajnena Yajnamayajanta Devāh
Tāni Dharmāni Prathamānyāsan
Te Ha Nākam Mahimānah Sachante
Yatra Pūrve Sādhyāh Santi Devāha

Ich kenne diesen Großen Purusha, der wie die Sonne jenseits der Dunkelheit scheint. Nur wenn man Ihn kennt, überwindet man den Tod; es gibt keinen anderen Weg, dorthin zu gelangen.

Adbhyah Sambhūtah Prithivyai
Rasāchcha
Vishwakarmanah Samavartatādhi
Tasya Twashtā Vidadha Drūpameti
Tatpurushasya Vishwa-Mājānamagre
Vedāhametam Purusham
Mahāntam
Āditya Varnam Tamasahparastāt
Tamevam Vidwānamrita
Iha Bhavati
Nānyah Panthā Vidyateayanāya
Prajāpatishcharati Garbhe Antah
Ajāyamāno Bahudhā Vijāyate
Tasya Dhīrāh Parijānanti Yonim
Marīchīnām Padamichchanti
Vedhasah

Yo Devebhya Ātapati
Yo Devānām Purohitah
Pūrvo Yo Devebhyo Jātah
Namo Ruchāya Brāhmaye
Rucham Brāhmam Janayantah
Devā Agre Tadabruvan
Yastwaivam Brāhmano Vidyāt
Tasya Devā Asan Vashe

Hrīshchate Lakshmīshcha Patnyau
Ahorātre Pārshwe
Nakshatrāni Rūpam
Ashwinau Vyāttam
Ishtam Manishāna
Amum Manishāna
Sarvam Manishāna

693. Nārāyana Sūktam

Sahasra Shīrsham Devam
Vishwāksham
Vishwa-shambhuvam
Vishwam Nārāyanam Deva-
Maksharam Paramam Padam

Dieses Universum ist das Ewige Wesen (Narayana), das Unvergängliche, das Höchste, das Ziel, mit vielen Köpfen und Augen (d.h. allgegenwärtig und allwissend), das Strahlende, die Quelle der Wonne für das ganze Universum.

Vishwatah Paramān Nityam
Vishwam Nārāyanam Harim
Vishwamevedam Purushas
Tadvishwamupajīvati

Dieses Universum ist nichts anderes als das Höchste Wesen (Purusha). Daher besteht es aus DEM, dem Unvergänglichen, das das Universum (in jeglicher Weise) transzendiert – das allgegenwärtige Absolute, das alle Fehler vernichtet.

Patim Vishwasyātmeshwaram
Shāshwatam Shivamachyutam
Nārāyanam Mahājneyam
Vishwātmānam Parāyanam

(Er ist) der Beschützer des Universums, der Gott aller Seelen, der Ewige, der Glückbringende, der Unzerstörbare, das Ziel der ganzen Schöpfung, das Höchste,

wert, erkannt zu werden, die Seele aller Wesen und zuverlässige Zuflucht.

Nārāyana Paro Jyoti-
Rātmā Nārāyanah Parah
Nārāyana Param Brahma
Tattwam Nārāyanah Parah
Nārāyana Paro Dhyātā
Dhyānam Nārāyanah Parah

Narayana ist das Höchste Absolute, die Höchste Wirklichkeit, ist das Höchste Licht. Narayana ist das Höchste Selbst, der Höchste Meditierende, die Höchste Meditation

Yachcha Kinchit Jagat Sarvam
Drishyate Shrūyatepi Vā
Antar Bahischa Tatsarvam
Vyāpya Nārāyanah Sthitah

Wie auch immer dieses Universum sich zeigt – was man sieht oder hört – alles ist innen und außen gleichermaßen durchdrungen von diesem immer währenden Göttlichen Wesen (Narayana).

Anantamavayam Kavim Samu-
Drentam Vishwa Shambhuvam
Padma Kosha Pratīkāsam
Hridayam Chāpyadho Mukham

Er ist das Unbegrenzte, Unvergängliche, Allgegenwärtige das im Ozean des Herzens wohnt. Er ist die Ursache allen Glücks im Weltall, das Höchste Ziel allen Strebens. Er manifestiert sich auf subtile Weise im Herzen, wie die im Inneren verborgene Knospe einer Lotosblume.

Adho Nishtyā Vitastyānte
Nābhyāmupari Tishthati
Jwalamālā Kulam Bhāti
Vishwasyāyatanam Mahat

Etwa eine Handlänge unter der Kehle, oberhalb des Nabels – also im Herzen, dem Sitz des Reinen Bewusstseins im Menschen auf der relativen physischen Ebene –, erstrahlt die großartige Wohnstätte des Universums, geschmückt mit einem Flammenkranz.

Santatam Shilābhistu
Lambatyā Koshasannibham
Tasyānte Sushiram Sūkshmam
Tasmin Sarvam Pratishthitam

Von allen Seiten von Kreisläufen (Arterien) umgeben, hängt die Lotosknospe des Herzens nach unten. Sie umschließt einen feinen Raum (eine schmale Öffnung, Sushumna Nadi), in dem die Grundessenz aller Dinge vorhanden ist.

Tasya Madhye Mahānagnir
Vishwarchir Vishvato Mukhah
Sograbhug-Vibhajan
Tishthan-Nāhāra Majarah Kavih

In diesem Raum im Herzen befindet sich das große lodernde Feuer der Unvergänglichkeit und Allwissenheit. Es züngelt in alle Richtungen, schaut überall hin und nimmt die Nahrung auf, die ihm gereicht wird.

Tirya Gūrdhwa Madhas-Shāyī
Rasmayastasya Santatā
Santāpayati Swam Deha
Māpādatalamastakam
Tasya Madhye Vahnishikhā
Anīyordhwā Vyavasthithā

Die Strahlen dehnen sich weit nach allen Seiten, nach oben und nach unten aus und erwärmen den ganzen Körper vom Kopf bis zu den Füßen. In der Mitte dieser Flamme ist das Herz, die Zunge, des Feuers, als das feinste und subtilste aller Dinge.

Nīlatoyada Madhyasthā
Vidyullekheva Bhāswarā
Nīvārasūka Vattanvī
Pītā Bhāswatyanūpamā

Strahlend wie das Aufleuchten des Blitzstrahls in blauen, regenschweren Wolken, schlank wie die Ähren des Getreides, goldgelb, fein wie das winzigste Atom, so herrlich glüht (diese Feuerzunge).

Tasyāh Sikhāyā Madhye
Paramātmā Vyavasthitah
Sa Brahmā Sa Shivah
Sa Harih Sendrah
Soksharah Paramah Swarāt

In der Mitte dieser Flamme wohnt das Höchste Selbst. Dieses (Selbst) ist Brahma (der Schöpfer), Shiva (der Zerstörer), Hari (der Beschützer), Indra (der Lenker), das Unvergängliche, das Absolute, das aus sich selbst existierende Wesen.

Ritam Satyam Param Brahma
Purusham Krishna Pingalam
Ūrdhwaretam Virūpāksham
Vishwarūpāya Vai Namo Namah

Wieder und wieder verehren wir dieses Wesen in allen Formen, das die Wahrheit, das Gesetz, das höchste Absolute ist, diesen Purusha von blau-gelber Farbe, die geballte Kraft, Ihn, der alles sieht.

Nārāyanāya Vidmahe
Vāsudevāya Dhīmahi
Tanno Vishnuh Prachodayāt

Wir verbinden uns mit Narayana und meditieren auf Vāsudeva. Möge Vishnu uns (zum großen Ziel) führen.

Vishnornukam Vīryāni
Pravocham

Yah Parthivāni Vimame Rajāmsi Yo
Askabhāyaduttaram Sadhastham
Vichakramānas Tredhorugāyo
Vishno
Rarātamasi Vishnoh
Prishthamasi Vishnoh
Shamptre Stho Vishnos Syūrasi
Vishnor Dhruvamasi Vaishnavamasi
Vishnave Twā

*Welche wertvolle Eigenschaft und Tat
des alldurchdringenden Vishnu soll ich
verherrlichen? Er umschließt die Erde
und den Himmel bis hin zum winzigsten
Staubkorn der Schöpfung. Vishnu stützt
die Wohnstätte der Götter und verhin-
dert deren Erschütterung. Er macht drei
Schritte (das bezieht sich auf die drei
Schritte, die Vishnu in seiner Inkarnation
als Vamana (Schildkröte) gemacht hat,
bzw. auf die drei, die die Sonne am
Himmel im Verlauf des Tages macht,
oder auch auf die Gestalt Vishnus als
Agni, Vayu und Surya als der glorreiche,
verherrlichte Eine.*

*Oh Du, der Du Gegenstand von Yajna
(Feueropfer) bist, der du Vorder- und
Rückseite der Gestalt Vishnus in Form
eines Feueropfers bist, Du, der sein Mund
und seine Glieder bist. Du bist die stand-
hafte Stütze. Du bist wahrhaft Vishnu.
Ich verbeuge mich vor Dir.*

Om Shāntih Shāntih Shāntih

694. Shrī Sūktam

Anrufung von Lakshmi

Hiranyavarnām harinīm
suvarna-rajata-srajām
Chandrām hiranmayīm lakshmīm
Jātavedo ma āvaha

*Oh allwissender Feuergott, bitte stimme
Mahalakshmi gütig, die Göttin des Wohlstandes, deren Körper goldfarben ist,
die mit Gold- und Silbergirlanden geschmückt ist. Sie trägt einen gelben Sari,
ihr Gesicht ist wie der Vollmond und ihre
Augen segnen die Menschheit mit wohl-
tuender Gnade. Oh Jata Veda, Feuergott,
bitte übermittle ihr unser Flehen.*

Tām ma āvaha jātavedo
Lakshmīmanapa gāminīm
Yasyām hiranyam vindeyam
Gāmasvam purushānaham

*Oh Agni, großer Gott des Feuers, mit
dem Segen von Mahalakshmi werden
Wohlstand und Wohlergehen, Gold und
Kühe, Pferde und andere nützliche Tiere,
Familie, Kinder und jede Art von Wohlergehen zu mir kommen. Wenn Lakshmi
in mein Haus einkehrt, wird dieser Wohlstand unvergänglich sein.Gesundheit,
Freunde, Wissen, beständiger Frieden
und letzlich Freiheit – all das wird mein
sein, wenn die Göttliche Mutter Lakshmi
in mein Heim einkehrt.*

Ashwapūrvām rathamadhyām
Hastināda prabodhinīm
Shriyam devīmupahvaye
shrīrmā devīr jushatām

*Himmlische Pferde und göttliche Wagen
begleiten sie, Elefanten tönen den OM-
Klang, was sie erfreut. Daher wird sie
auch Gajalakshmi genannt, Lakshmi, die
von den Elefanten verehrt wird. O Agni,*

ich rufe diese Kraft an, die Gemahlin
Vishnus. Möge ich Ihre Gnade erlangen.

Kām sosmitām
hiranyaprākārā mārdrām
Jvalantīm triptām tarpayantīm
Padme sthitām padmavarnām
Tāmihopahvaye Shriyam

_Sie sitzt auf dem tausendblättrigen Lotus;
ihr Körper ist lotusfarben. Möge die große
mitfühlende, strahlende, immer lächelnde
Göttin, die alle Wünsche ihrer Verehrer
erfüllt, meine Gebete erhören. Diese
Mutter, die goldfarbene Mahalakshmi,
rufe ich an._

Chandrām prabhāsām yashasā
Jvalantīm Shriyam loke
devajushtāmudārām

Tām padminīgum sharanam
aham prapadye 'lakshmīr me
nashyatām twām vrine

_Ich rufe Mahalakshmi an, die strahlt wie
der Vollmond und wie Blitze. Ihr Ruf ist
überall verbreitet. Die Himmelsbewohner
verehren sie beständig. Ihre wohltätigen
Hände sind wie Lotosblumen. Ich nehme
Zuflucht zu ihren Lotosfüßen. Möge sie
meine Armut für immer vernichten.
O Mutter Mahalakshmi, ich nehme
Zuflucht bei Deinen Lotosfüßen._

Āditya varne tapasodhijāto
Vanaspatistava vrikshotha bilvaha

Tasya phalāni tapasā nudantu
Mā yāntarā yāshcha bāhyā
alakshmīhī

_O Universelle Mutter, die Du strahlst wie
die Sonne, durch Deine Anstrengung entstehen die heiligen Bilva- und Tulasi-
bäume. Sie symbolisieren den Baum des_

Lebens. Die Frucht dieses Lebensbaumes
befreit uns von innerem und äusserem
Mangel. Segne uns mit Licht im Inneren
und Unabhängigkeit und Überfluss im
Äusseren.

Upaitu mām deva sakhaha
Kīrtischa maninā saha

Prādurbhūto'smi rāshtre'smin
Kīrthimriddhim dadātu me

_O Devi, große Göttin, mit Deinem Segen
lasse Kubera wirken, den Schatzmeister
der Götter, seinen Freund Manibhadra,
den Schirmherrn des Reichtums und
Kīrti, die Göttin des Ruhmes, die Tochter
von Daksha Prajapati._

Kshutpipāsāmalām jyeshthām
Alakshmīm nāshayāmyaham

Abhūtim asamriddhim cha
sarvān nirnuda me grihāt

_Ich wünsche dieser auf ein Skelett abge-
magerten Göttin der Armut, des Hungers
und Durstes den Tod. O Mahalakshmi,
nimm die Aussicht auf Armut und Miss-
erfolg von mir. Segne mich immer mit
Überfluss und Freude._

Lakshmi Yantra

Gandhadvārām durādharshām
nityapushtām karīshinīm
Īshwarīgum sarva bhūtānām
tāmihopahvaye Shrīyam

Ich rufe die höchste Göttin Lakshmi an,
für immer in meinem Haus zu wohnen.
Sie ist die höchste Schutzmacht, Göttin
aller Welten und kosmischen Elemente.
Sie ist die Mutter Erde und verleiht große
Zufriedenheit. Ihr Segen bringt uns den
Duft von Sandelholz. Möge diese Göttin
immer in mir gegenwärtig sein.

Manasah kāmamākūtim
Vāchas satyamashīmahi
Pashūnāgum rūpamannasya
Mayi shrīh shrayatām yashaha

Möge Mahalakshmi alle meine Wünsche
erfüllen. Möge ich Vollkommenheit errei-
chen. Mögen meine Worte sich erfüllen.
Möge ich mit Vieh, Wohlstand, Essen,
Milch und Honig so gesegnet sein, dass
ich mit allen teilen kann. Möge die große
Göttin in Gestalt unvergänglichen Ruhmes
zu mir kommen.

Kardamena prajābhūtā
mayi sambhava kardama
Shriyam vāsaya me kule
mātaram padmamālinīm

Wir sind Nachkommen unseres Ahnen,
des Weisen Kardama, einer der Söhne
Lakshmis. Wir rufen Kardama an, in der
Familie seiner Nachkommen die kosmi-
sche Mutter wohnen zu lassen, mit ihrer
Lotosgirlande. So sei es.

Āpah Srijantu snigdhāni
Chiklīta vasa me grihe
Ni chadevīm mātaragum
Shriyam vāsaya me kule

Wir rufen Chiklīta, einen anderen Sohn
Lakshmis, an. Möge er in unser Haus
einkehren und möge seine Mutter Maha-
lakshmi in unserer Familie Wohnsitz
nehmen.

Ārdrām pushkarinīm pushtim
Pingalām Padma Malinīm
Chandrām hiranmayīm lakshmīm
Jātavedo ma āvaha

O Agni, mögest Du Lakshmi gütig stim-
men, die die Dämonen vernichtet, aber
gnädig zu ihren Verehrern ist. Sie ist die
Verkörperung von Wohlergehen, verleiht
vollständigen Schutz, ist ausserordentlich
schön, geschmückt mit kostbarer Zier
und strahlt wie tausend Sonnen. Möge
diese Hiranmayi, die goldene Göttin,
über uns erfreut sein.

Ārdrām Yah Karinīm Yashtim
Suvarnām hemamālinīm
Sūryām Hiranmayīm Lakshmīm
Jāta Vedo Ma Avaha

O Agni, ich bete nochmals zu Dir, die
Gegenwart Lakshmis herbei zu rufen.
Sie ist barmherzig und segnet uns mit
ihrer Lotoshand. Möge diese gelb geklei-
dete Göttin mit ihrer Lotosgirlande und
ihrem Gesicht wie der Mond ihre erle-
sensten Segnungen über uns ergiessen.

Tām ma āvaha jātavedo
Lakshmīmanapagāminīm
Yasyām hiranyam prabhūtam
Gāvo dāsyoshvān vindeyam
purushānaham

O Agni, bitte bete zu dieser Lakshmi,
damit sie uns mit unerschöpflichem
Reichtum segnen möge. Möge dieser
Wohlstand höchste Freude und Frieden
bringen zusammen mit allen materiellen

*Gütern wie Kühe, Bedienstete, Pferde,
Familie und wohlerzogene Kinder, und,
als höchstes Gut, Freiheit.*

Yah Suchih prayato bhūtvā
Juhuyādājyam-anvaham

Sūktham panchadasharcham
Cha Shrīkāmah satatam japet

*Wer also reich, gesund und friedvoll sein
will, möge jetzt gereinigte Butter ins Feuer
opfern zu jedem Vers, während er oder
sie diese Mantras zu Ehren von Lakshmi,
der Göttin des Wohlstands und Wohler-
gehens, rezitiert. Möge diese Shrī Suktam,
die Anrufung von Lakshmi, ihr/ihm danach
höchsten Segen und Freude bringen.*

Padmānane, padmaūrū
Padmākshi padma-sambhave

Tan Me bhajasi padmākshi
Yena saukhyam labhāmy aham

*Oh lotosäugige Göttin, geboren im Lotos,
die auf einem Lotos sitzt, von lotosglei-
cher Gestalt, schenke mir Deine Gnade,
so dass ich Glück erlange.*

Ashva-dāyi go-dāyī dhana-dāyī
mahā-dhane
Dhanam me jushatām devi
Sarva-kāmānscha dehi me

*O Göttin des überströmenden Reichtums,
die Pferde, Kühe und Wohlstand schenkst,
möge Reichtum zu mir kommen, so dass
alle meine Wünsche sich erfüllen können.*

Padmānanepadmavipadmapatre
Padmapriye padma-dalāyatākshi
Vishvapriye Vishva-manonukūle
Tvatpāda-padmam mayi
sannidhatsva

*O lotosgeborene Göttin die Du den Lotos
liebst, Lotosblüten in der Hand trägst.
Deine Augen sind wie Lotosblüten. Du
bist die Formen dieser Welt und Geliebte
Vishnus. Setze mich auf Deine lotosgleichen Füße.*

Putra Pautra Dhanam Dhānyam
Hastyashvādi Gave Ratham

Prajānām Bhavasī Mātā
Āyushmantam Karotu Mea

Dhanamagnirdhanam Vāyur
Dhanam Sūryo Dhanam Vasuh

Dhanamindro Brihaspatir
Varunam Dhanamastu Te

Vainateya Somam Piba
Somam Pibatu Vritrahā

Somam Dhanasya Somino
Mahyam Dadātu Sominah

Na krodho na cha mātsaryam
Na lobho nāshubhā matih

Bhavanti krita-punyānām
Bhaktānām shrī sūktam-japet

*Die Glücklichen, die die Göttin des
Wohlstandes verehren und diese Shrī
Suktam rezitieren, bleiben unberührt
von Ärger, Neid und Gier. Ihr Geist neigt
nicht zum Schlechten.*

Sarasija Nilaye, Sarojahaste
Dhavalatarām

Suka Gandha Mālyashobhe
Bhagavati Hari Vallabhe

Manojne Tribhuvana Bhūtikari
Prasīda Mahyam

Vishnu Patnīm Kshamām Devīm
Mādhavīm Mādhava Priyām.

Lakshmīm Priyasakhīm Devīm
Namā Myachyuta Vallabhām

Mahā Lakshmī Cha Vidmahe
Vishnu Patnyai cha Dhīmahi
Tanno Lakshmih Prachodayāt

Shrīrvarchaswa Māyushyamārogya
Māvidhāchchobhamānam
Mahīyate
Dhānyam Dhanam Pashum Bahu
Putra Lābham Shata
Samvatsaram Deerghamāyuhu

Padma Priye Padmini Padma
Haste Padmalaye
Padmadalāya Tākshi

Vishwapriye Vishnu Manonukūle
Twatpādapadmam Mayi
Sannidhatswa

Shriye, Jāta Shriya, Āniryāya
Shrīyam, Vayo, Janitribhyo
Dadhātu.

Shrīyam Vasānā Amritatwa
Māyan Bhajanti Sadyah Savitā
Vidadhyūn.

Shriya Evainam Tachchriyā
Mādadhāti.

Santata Mrichā Vashat Krityam
Sandhattam Sandhīyate Prajayā
Pashubhihi.

Ya evam veda.

Om mahā devyai cha vidmahe,
vishnupatnyai cha dhīmahi
Tanno Lakshmih Prachodayāt.

Om Shāntih, Shāntih, Shāntih.

695. Shani Stotram

Anrufung des Saturn

Om Asya Shrī Shanaishchara
Stotrasya,
Dasharatha Rishihi
Shanaish-Charo Devatā,
Trishtup Chhandaha.
Shanaish-Chara Prīty-Arthe
Jape Viniyogaha.
Dasharatha Uvācha.

*Om. Der Rishi, Seher, der Shani Stotra ist
Dasharatha. Shanaischara ist der Aspekt
Gottes (auf den sich die Hymne bezieht).
Trishtup ist das Versmaß. Die Wieder-
holung dient der Besänftigung von Shai-
naischara (Saturn).*

Konontako Raudra-Yamo-Tha
Babbruh
Krishnah Shanih Pingala
Manda Saurih
Nityam Smrito Yo Harate Cha
Pīdām
Tasmai Namah Shrī
Ravi-Nandanāya

*Ich verneige mich vor Ravinandana (Sa-
turn), der, wenn man sich ständig an ihn
erinnert (als der, dessen 10 Namen in den
ersten Zeilen des obigen Verses aufge-
führt sind), alles Unglück (des Verehrers)
wegnimmt.*

Surāsurāh Kim Purusho Ragendrā,
Gandharva Vidyādhara
Pannagāsh Cha;

Pīdyanti Sarve Vishama Sthitena,
Tasmai Namah Shrī Ravi-
Nandanāya.

_Ich verbeuge mich vor Ravinandana,
durch dessen ungünstigen Stand Götter,
Dämonen, himmlische Wesen, himmlische Musikanten, himmlische Weisheitsmeister und selbst himmlische Schlangen
verschiedenen Leiden unterliegen._

Narā Narendrāh Pashavo
Mrigendrā
Vanyāshcha Ye Kīta-Patanga-
Bhringāha
Pīdyanti Sarve Vishama-Sthitena
Tasmai Namah Shrī Ravi-
Nandanāya.

_Ich verbeuge mich vor Ravinandana, der,
wenn er ungünstig steht, sowohl gewöhnlichen Menschen als auch Kaisern, kleinen und großen Tieren, Wesen des Waldes,
Insekten, Fliegen und Bienen (ungeachtet
ihres Ranges) große Qualen bringt._

Deshāshcha Durgāni Vanāni Yatra
Senā-Niveshāh Pura-Pattanāni
Pīdyanti Sarve Vishama-Sthitena
Tasmai Namah Shrī Ravi-
Nandanāya.

_Ich verbeuge mich vor Ravinandana, der,
wenn er ungünstig steht, Ländern, Festungen, Wäldern, Kriegslagern, Behausungen und Stätten Unheil bringt._

Tilairya-Vair-Māsha
Gudānna Dānaih
Lohena Nīlāmbara Dānato Vā
Prīnāti Mantrair-Nijavāsare Cha
Tasmai Namah Shrī Ravi-
Nandanāya.

_Ich verneige mich vor diesem Ravinandana, der friedlich gestimmt wird, wenn
man aus Wohltätigkeit verschiedene Esswaren spendet und Mantras an dem ihm
geweihten Tag (Samstag) rezitiert._

Prayāga-Kūle Yamunā Tate Cha
Sarasvatī Punya-Jale Guhāyām
Yo Yoginām Dhyāna-Gatopi
Sūkshmah
Tasmai Namah Shrī Ravi-
Nandanāya.

_Ich verneige mich vor jenem Ravinandana, der in subtiler Form vor den Yogis
erscheint, die am Ufer des Zusammenflusses zweier Ströme (Yamuna und Saraswati) oder in einer Höhle auf ihn
meditieren._

Anya-Pradeshāt Swagriham
Pravishtas
Tadīya-Vāre Sa Narah Sukhī Syāt
Grihād Gato Yo Na Punah Prayāti
Tasmai Namah Shrī Ravi-
Nandanāya.

_Ich verneige mich vor Ravinandana, der
Glück bringt, wenn er in sein eigenes
Haus (seine eigene Sternenkonstellation)
eintritt; jedoch, wenn er diese Konstellation verlässt, kehrt er lange nicht mehr
dorthin zurück._

Srashtā Swayam-Bhūr Bhuvana
Trayasya
Trātā Harīsho Harate Pinākī
Ekas Tridhā Rig Yajuh
Sāma Murtis
Tasmai Namah Shrī Ravi-
Nandanāya.

_Ich verneige mich vor Ravinandanaya,
dem Schöpfer der drei Welten, das sich
selbst manifestierende Wesen. Er ist Hari,
der Beschützer und Pinakin (Shiva, der
Träger des Pinaka, des Dreizacks) und
der Zerstörer in einem. Er ist auch die
Verkörperung des Rig-, Yajur- und
Saman-Veda._

Shanyashtakam Yah Prayatah
Prabhāte
Nityam Suputraih Pashu
Bāndhavais Cha

Pathet Tu Saukhyam Bhuvi
Bhogayuktaha
Prāpnoti Nirvāna-Padam Tadante

*Wer den Geist beherrscht und die obigen
Verse regelmässig früh am Morgen rezi-
tiert, wird gesegnet mit vornehmen Söh-
nen, guten Freunden und Verwandten,
Vieh (Reichtum) und Glück auf dieser
Erde und erreicht schliesslich Nirvana.*

Konasthah Pingalo Babhruh
Krishno Raudrontako Yamah
Saurih Shanaish-Charo Mandah
Pippalādena Sam-Sthutah

*So (mit den Namen der drei ersten
Zeilen) preist Dich Pippalada.*

Etāni Dasha-Nāmāni
Prātar-Utthāya Yah Pathet

Shanaishchara-Kritā Pīdā
Na Kadāchid Bhavishyati

Harih Om

*Wer diese zehn Namen früh morgens re-
zitiert, wird niemals unter Unglück leiden, das von Saturn verursacht sein
könnte.*

696. Patanjali Mantra

Yogena Chittasya Padena Vāchā
Malam Sharīrasya Cha Vaidyakena
Yopākarottam Pravaram
Munīnām Patanjalim
Prānjalirānatosmi

699. Mantrās für die Meditation – Mantraweihe

Sanskrit, die älteste Sprache der Menschheit, wird auch Devanagari, wörtlich „Sprache der Götter", genannt. Sanskrit besteht aus Urklängen, die den eigentlichen Schwingungen eines Objektes oder einer Handlung entsprechen. Beispielsweise bedeutet in den meisten Sprachen „Ma" oder eine Variation davon „Mutter". Dies ist der Klang, mit dem das Kind natürlicherweise seine Mutter ruft. Da die Sanskrit-Worte die tatsächlichen Klang-Manifestationen sind, benutzen wir sie für Meditation (Japa) und zum Singen (Kirtan). Manche Mantras können übersetzt werden, aber ihre Übersetzungen haben nicht die gleiche Kraft.

Klang besteht aus Schwingungen und ist Energie. Ein Sanskrit-Mantra ist mystische Energie, die in einer Klangstruktur eingeschlossen ist. Um diese Energie zu aktivieren, wiederholen wir das Mantra mit einem bestimmten Rhythmus. Wenn man das Mantra wiederholt, entsteht eine entsprechende Schwingung im Geist, die Energie manifestiert sich. Name und Form sind wie zwei Seiten derselben Münze. Man kann nicht das eine ohne das andere haben. Wenn man einen bestimmten Namen wiederholt, kommt einem die Form in den Geist. Wenn man ein Mantra wiederholt, kommt einem die betreffende Form in den Geist. Selbst wenn man die mit dem Mantra verbundene Form bewusst nicht kennt, entsteht dennoch ein spezifisches Gedankenmuster im Geist. Die durch Mantras geschaffenen Gedankenmuster sind positiv, nützlich und beruhigend.

Es gibt verschiedene Klangebenen, laut und geistig. Die geistige ist wirkungsvoller. Niemand hat sich hingesetzt, um Mantras aufzuschreiben, wie man Lieder komponieren würde. Mantras sind Energien, die schon immer im Universum existiert haben. Sie können nicht erfunden oder vernichtet werden. Sie wurden von selbstverwirklichten Weisen (Rishis) im überbewussten Zustand entdeckt und weitergereicht. Die Wissenschaft der Mantras ist sehr exakt. Es ist wichtig, dass man sie korrekt ausspricht.

Auch auf der physischen Ebene kann man viel von der Mantra-Wiederholung (Japa) profitieren. Die verschiedenen Organe und Zellen des Körpers werden entspannt und energetisiert. Gifte werden aus dem Körper entfernt und das Nervensystem entspannt sich. Die niedrigeren Emotionen wie Ärger, Gier, Hass und Eifersucht werden aufgelöst und durch reine Eigenschaften wie Liebe, Freude und Mitgefühl ersetzt.

Arten von Mantrās:

Nirguna Mantrās
Abstrakt, formlos, eigenschaftslos.

Saguna Mantrās
Mantras mit Eigenschaften und Form. Da ihnen ein bestimmter Aspekt Gottes entspricht, werden sie auch Ishta Mantras oder Gottheiten-Mantra genannt. Für die meisten Menschen ist es leichter, eine Beziehung zu einem Gottheiten-Mantra zu entwickeln.

Die Gottheiten symbolisieren die verschiedenen Aspekte des einen Gottes. Das reine Selbst, die Seele, Atman, ist ohne Namen und ohne Form. Aber da wir uns als sterblich und begrenzt empfinden und nur kurze Aufmerksamkeitsspannen haben, ist es normalerweise zu schwer, mit einem abstrakten Mantra zu meditieren. Daher suchen wir uns einen Aspekt aus, der zu uns passt und mit dem wir mittels der Meditation eine Beziehung herstellen können.

Bīja Mantrās

Einsilbige Wurzel- oder Samen-Mantras. Nur mit ausdrücklicher Anleitung des Lehrers zu wiederholen.

Andere Mantrās

Insbesondere Mantras in anderen Sprachen wie Halleluja, Kyrie Eleison, Christe Eleison, Herr Jesus Christus erbarme dich unser, etc.

Saguna Mantrās

(Mantrās mit Eigenschaften)

Männliche Aspekte

Shiva: Om Namah Shivāya

Shiva repräsentiert die universelle Kraft der Zerstörung, in der alles Sein endet und mit der es wieder beginnt. Er repräsentiert damit die Transformation unserer niederen Natur in göttliche Energie. Er wird meist dargestellt als Yogi in Meditation mit einem Dreizack in der Hand, umgeben von Schlangen. Die Schlangen repräsentieren die niederen Kräfte, die uns normalerweise bedrohen. Wenn sie durch die Yoga-Praxis sublimiert sind, werden sie ungefährlich und dienen dem Yogi als Schmuck. Dieses Mantra ist besonders geeignet für eher introvertierte Menschen, die sich zur Meditation in der Einsamkeit hingezogen fühlen.

Vishnu: Om Namo Nārāyanāya

In der Mythologie ist Vishnu der Erhalter des Universums. Er repräsentiert die Kräfte von Güte, Gerechtigkeit und Barmherzigkeit. Er symbolisiert die alldurchdringende Kraft, welche das Universum und die kosmische Ordnung erhält.

Dieses Mantra ist besonders geeignet für Menschen, die den Zustand der Welt verbessern wollen, eine beschützende, helfende Natur haben und bereit sind, Verantwortung zu übernehmen.

Rāma: Om Shrī Rāmāya Namaha

In der Mythologie ist Rama die 7. Inkarnation Vishnus. Seine Aufgabe war es, Gerechtigkeit in der Welt wiederherzustellen. Rama wird stets mit seinem Bogen (mit dem er die Guten beschützt und die Dämonen vernichtet) dargestellt. Neben ihm stehen oft seine Gemahlin Sita (Natur) und sein Verehrer Hanuman (der Affen-Gott, welcher den menschlichen Geist repräsentiert, der durch Hingabe zu Gott und Mantra-Wiederholung unter Kontrolle gebracht werden kann). Rama lehrt durch sein persönliches Beispiel, wie man ein ideales Leben in der Welt leben kann. Er ist der vollkommene Mensch in jeder Beziehung als Sohn, Bruder, Freund, Herrscher, Gatte, Vater. Das großartige Epos „Ramayana" des

Weisen Valmiki ist die Geschichte der Inkarnation Ramas auf der Erde. Dieses Mantra ist besonders geeignet für Menschen, die sich über ihr Leben in Familie, Arbeit und Gesellschaft spiritualisieren wollen und sich sehr hohe ethische Ideale setzen.

Krishna:
Om Namo Bhagavate Vāsudevāya

In der Mythologie ist Krishna die 8. Inkarnation Vishnus. Sein Ziel war es, Gerechtigkeit wiederherzustellen. Krishna repräsentiert Freude, Heiterkeit und das Sehen von Gott in Allem. Er war auch der Lehrer in der Bhagavad Gita. Dieses Mantra ist besonders geeignet für lebensfrohe Menschen.

Hanuman:
Om Shrī Hanumate Namaha

Als Verehrer und Diener Ramas gilt Hanuman als Verkörperung von hingebungsvollem Dienen, grenzenloser Loyalität und übermenschlicher Kraft. Aufgrund seines grenzenlosen Vertrauens und seines festen Glaubens an Rama konnte er Berge versetzen und Unmögliches möglich machen.

Das Mantra ist daher besonders für Menschen geeignet, die sich zum Bhakti-Yoga und zum selbstlosen Dienen hingezogen fühlen. Hanuman führt dich über Glauben und Dienen zur höchsten Verwirklichung.

Ganesha:
Om Gam Ganapataye Namaha

Ganesha heißt wörtlich „der Herr aller Engelswesen". Ganesha hilft, alle Hindernisse aus dem Weg zu räumen für einen immer wieder neuen, guten An-

fang. Er verkörpert auch die höchste Weisheit. Wer dieses Mantra wiederholt, kann spüren, dass er immer die Kraft hat, zu tun, was nötig ist und dass die Ganesha-Energie als Lichtenergie in diese Welt durch ihn hindurch strömen will. Er sieht alles in der Welt als Aufgabe von Ganesha, an der er wächst. Ganesha will ihn zur höchsten Weisheit, Erkenntnis und Verwirklichung führen.

Vishnu, Krishna und Rama – Maha Mantra:

**Hare Rāma Hare Rāma
Rāma Rāma Hare Hare
Hare Krishna Hare Krishna Krishna
Krishna Hare Hare**

Mit dem Maha-Mantra kann man besonders Lebensfreude und Hingabe entwickeln. Es führt zu einer starken Herzensöffnung und hilft, den Alltag mit mehr Leichtigkeit zu bewältigen. Es heißt, dass man mit Hilfe dieses Mantras im gegenwärtigen Zeitalter am schnellsten die Verwirklichung erreichen kann. Es eignet sich besonders für Menschen, die eine starke Hingabe haben und für Menschen, die den Aspekt des Dienens, des Sich-Einsetzens für andere mit Freude verbinden.

Om Namo Bhagavate Sivanandaya

Damit ruft man die Energie des Yoga-Meisters und selbstverwirklichten Heiligen Swami Sivananda an. Das Mantra eignet sich für alle, die sich zu Swami Sivananda als Lehrer besonders hingezogen fühlen und sich von ihm führen und segnen lassen wollen.

Weibliche Aspekte

Durga:
Om Shrī Durgāyai Namaha
Durga repräsentiert das Ideal der mütterlichen Liebe. Durga wird reitend auf einem Tiger dargestellt, lächelnd und mit verschiedenen Waffen in den Händen. Dies symbolisiert, dass sie ihre Kinder beschützt, sie aber auch erzieht und zurechtweist wenn nötig. Sie ist die Gemahlin (der Energie-Aspekt) von Shiva. Dieses Mantra ist besonders für Menschen geeignet, die Gott als Mutter sehen oder selbst ein mütterliches Temperament haben.

Saraswati:
Om Aim Saraswatyai Namaha
In der Mythologie ist Saraswati die Göttin von Beredsamkeit, Weisheit, Gelehrsamkeit, Musik und schönen Künsten. Sie wird mit einem weißen Sari (indisches Gewand) und mit der Vina (Saiteninstrument) dargestellt und schaut sehr ruhig und friedlich. Sie ist die Gemahlin von Brahma, dem Schöpfer. Künstlerische und kreative Menschen werden gewöhnlich von diesem Mantra angezogen.

Lakshmi:
Om Shrī Mahā Lakshmyai Namaha
Lakshmi ist die Göttin von Schönheit, Fülle und Reichtum. Wie eine Mutter gibt sie alles, was die Lebewesen auf der Erde brauchen. Auf der spirituellen Ebene repräsentiert sie die Ansammlung von positiven Charaktereigenschaften sowie von Prana. Sie ist die Gemahlin von Vishnu, dem Erhalter. Dieses Mantra ist besonders für Menschen geeignet, die Gott (die Göttin)

auch in der Schönheit des manifesten Universums sehen, sowie solchen, die im Geben und dem Dienst am Nächsten den Sinn ihres Lebens sehen.

Kāli:
Om Shrī Mahākālikāyai Namaha
Kali, die schwarze Göttin, erscheint furchterregend, aber ist sanft und freundlich zu ihren VerehrerInnen. Sie verlangt aber absolute Hingabe. Dieses Mantra ist nur für eine kleine Minderheit geeignet.

Nirguna Mantrās
(Abstrakte Mantrās)

Om
Dies ist das ursprüngliche Mantra. In der Bibel heißt es "Im Anfang war das Wort und das Wort war bei Gott und das Wort war Gott". Dieses Wort ist Om, der Urklang, aus dem alle anderen Klänge hervorgehen. Om besteht eigentlich aus 3 Buchstaben A U M. Om repräsentiert alle Trinitäten und das, was sie transzendiert: Schöpfung-Erhaltung-Zerstörung, Vergangenheit-Gegenwart-Zukunft, physischer Köper-Astralkörper-Kausalkörper, usw. Om steht daher für die alles umfassende Einheit, das kosmische Bewusstsein, das mit Allem verschmilzt.

Soham
„Ich bin Das", oder „Ich bin, das ich bin". Ich bin weder Körper noch Geist. Ich bin das unsterbliche Selbst.

Mantras mit Saguna und Nirguna-Aspekt

Mahamrityunjaya Mantra:

Om Tryambakam Yajāmahe
Sugandhim Pushtivardhanam
Urvārukamiva Bandhanān Mrityor
Mukshīya Māamritāt

Heil- und Segensmantra, das gleichzeitig auch zur Befreiung führt.

Gayatri Mantra:

Om Bhūr Bhuvah Swah
Tat Savitur Varenyam
Bhargo Devasya Dhīmahi
Dhiyo Yo Nah Prachodayāt

Für Menschen, die einen Zugang zum Göttliche am leichtesten in Form von Licht, Lichtkraft, reiner Intelligenz haben.

Shakti Mantra:

Om Aim Hrīm Klīm
Chāmundāye Vicche Namah

Ein sehr machtvolles Mantra mit den Bijas der verschiedenen kosmischen Energie-Aspekte wie Saraswati, Durga, Lakshmi.

In dieses Mantra kann nur eingeweiht werden, wenn der Einzuweihende verspricht, sich strikt an einen sattwigen Lebensstil zu halten, dauerhaft auf Fleisch, Fisch, Alkohol, Drogen, Nikotin zu verzichten und täglich Asanas und Pranayama zu praktizieren.

Anleitung für Japa
(Wiederholung des Mantrās)

Um die volle Wirkung zu entfalten, sollte das Mantra jeden Tag mindestens 20-40 Minuten in der Meditation wiederholt werden. Man sollte sich dazu entspannt und bewegungslos in einer Stellung mit gekreuzten Beinen und geradem Rücken hinsetzen. Man kann das Mantra geistig oder laut wiederholen. Geistig ist es wirkungsvoller, jedoch kann lautes Wiederholen gerade am Anfang für die korrekte Aussprache hilfreich sein. Auch wenn der Geist schläfrig wird, kann man zu lautem Wiederholen übergehen.

Eine Hilfe für die Konzentration kann das Meditieren mit einer Japa-Mala sein. Sie ist dem Rosenkranz ähnlich und hat 108 Perlen. Eine große Perle (Meru) symbolisiert das Absolute (Brahman).

Zusätzlich zur Meditation kann man das Mantra auch den ganzen Tag wiederholen, wenn der Geist nicht mit etwas Anderem beschäftigt ist. Auf diese Weise können wir jede Minute für unseren spirituellen Fortschritt nutzen. Man kann das Mantra auch schreiben (Likhita Japa).

Swāmi Sivānanda

107

Mantra-Weihe

(Mantra-Dīksha)

Wenn man die richtige Aussprache kennt, kann man sich ein Mantra aussuchen und damit meditieren. Um jedoch die richtige Aussprache zu lernen, die Kraft des Mantras zu aktivieren und zum Schwingen zu bringen, kann die Mantra-Weihe hilfreich sein.

In Indien erhält man die Mantra-Weihe normalerweise persönlich von seinem Guru. Wo dies im Westen nicht möglich ist, kann man von jemandem eingeweiht werden, der seit Jahren Mantras selbst wiederholt und das Ritual erlernt hat.

Man sollte sich auf die Mantra-Weihe vorbereiten: Am besten duscht oder badet man vorher und zieht saubere, vorzugsweise weiße Kleidung an. Traditionellerweise bringt man Obst, Blumen und eine Geldspende (im Umschlag; sollte in der Höhe so bemessen sein, dass es ausdrückt, dass das Mantra einen großen Wert darstellt) für den Einweihenden mit. Die Einweihung selbst ist bei uns ein kleines Ritual, in welcher mit Mantras die Energie Swami Sivanandas angerufen wird, mit Pulvern heiliger Pflanzen das 3. Auge stimuliert wird, das Mantra erklärt wird und in lauter und geistiger Wiederholung die Kraft des Mantras erweckt wird.

Die Mantra-Weihe ist wie das Entzünden eines Feuers. Wenn das Mantra nicht regelmäßig wiederholt wird, geht das spirituelle Feuer wieder aus. Wenn man dagegen das Mantra regelmäßig wiederholt, ist es, als ob man neues Holz auf sein spirituelles Feuer gibt, das so größer und größer wird.

Swāmi Vishnu-devānanda

Bhajans

Bhajans sind besonders schöne, melodische, etwas längere Gesänge. Sie scheinen anfangs etwas schwierig, sind jedoch eine gute Konzentrationsübung und erzeugen viel Freude im Herzen. Sie werden sofort gemeinsam gesungen.

700. Prema Mudita

Prema Mudita Manase Kaho
Rāma Rāma Rām
Shrī Rāma Rāma Rām

Wiederhole den göttlichen Namen Rama mit einem Geist erfüllt von Liebe und Freude.

Pāpa Kate Dukha Mite
Lete Rāma Nām
Bhava Samudra Sukhadanāva
Eke Rāma Nām, Shrī Rāma ...

Durch Wiederholung seines Namens werden Sünden und Elend ausgelöscht. Der Name Ramas ist das Boot, um den Ozean aus Samsara zu überwinden.

Parama Shānti Sukhanidhāna
Divya Rāma Nām
Nirādhāra Koadhāra
Eke Rāma Nām, Shrī Rāma ....

Der göttliche Name Rama ist der Sitz von höchster Wonne und höchstem Frieden. Rama Nam ist die einzige Unterstützung der Hilflosen.

Parama Gopya Parama Ishta
Mantra Rāma Nām
Santa Hridaya Sadā Vasata
Eke Rāma Nām, Shrī Rāma ...

Rama Nam ist das geheimste und fruchtbarste aller Mantras. Rama wohnt immer in den Herzen der Weisen.

Mahā Deva Satata Japata
Divya Rāma Nām
Kāshi Marata Mukti Karata
Kahata Rāma Nām
Shrī Rāma ...

Mahadeva (Gott Shiva) singt immer den göttlichen Namen Rama. Gott Shiva gewährt denen, die den Namen Gottes wiederholen, Befreiung.

Māta Pitā Bandhu Sakhā
Sabahi Rāma Nām
Bhakta Janana Jīvana Dhana
Eke Rāma Nām
Shrī Rāma ...

Ram Nam ist Mutter, Vater, Verwandter, Freund, alles in allem. Rama Nam ist der Schatz im Leben eines Frommen.

701. Ādi Divya

Ādi Divya Jyoti Mahā
Kāli Mā Namah
Madhu Shumbha Mahisha
Mardini
Maha Shakta Ye Namah
Brahma Vishnu Shiva Swarūpa
Twam Na Anyathā
Charā Charasya Pālika Namo
Namah Sadā

Verehrung der großen Mutter Kālī, die das erste im Universum leuchtende Licht ist. Wir neigen uns vor der großen Kraft und der Zerstörerin der Dämonen. Dämonen symbolisieren unsere niedere Natur. Du bist die Energie hinter Brahma, Vishnu und Shiva. Wir werfen uns vor Dir nieder, Beschützerin des Universums.

702. Brahmamurāri

Brahmamurāri Surārchitalingam
Nirmala Bhāsīta Sobhitalingam
Janmajadukha Vināsanalingam
Tatpranamāmi Sadāshivalingam

Devamuni Pravarārchitalingam
Kāmadaham Karunākaralingam
Rāvanadarpa Vināsanalingam
Tatpranamāmi Sadāshivalingam

Sarvasugandha Sulepitalingam
Buddhi Vivardhana Kāranalingam
Siddha Surāsura Vanditalingam
Tatpranamāmi Sadāshivalingam

Kanakamahā Manibhūshitalingam
Phanipati Veshtita Sobhitalingam
Dakshasu Yajna Vināsanalingam
Tatpranamāmi Sadāshivalingam

Kumkuma Chandana Lepitalingam
Pankajahāra Susobhitalingam
Sanchita Pāpa Vināsanalingam
Tatpranamāmi Sadāshivalingam

Devaganārchita Sevitalingam
Bhāvairbhakti Bhirevachalingam
Dinakarakoti Prabhākaralingam
Tatpranamāmi Sadāshivalingam

Ashtadalopari Veshtitalingam
Sarvasamudbhava Kāranalingam
Ashtadaridra Vināshanalingam
Tatpranamāmi Sadāshivalingam

Suraguru Suravara Pūjitalingam
Suravana Pushpa Sadārchitalingam
Parātparam Paramātmakalingam
Tatpranamāmi Sadāshivalingam

703. Nāma Rāmāyana

Shrī Rām Jaya Rām Jaya Jaya Rām
Shuddha Brahma Parātpara Rām
Kālātmaka Parameshvara Rām
Shesha Talpa Sukha Nidritha Rām
Brahmādyamara Prārthitha Rām
Chanda Kirana Kula Mandana Rām
Shrīmad Dasharatha Nandana Rām
Kausalyā Sukha Vardhana Rām
Vishvāmithra Priya Dhana Rām

Ghora Tātakā Ghātaka Rām
Mārīchādi Nipāthaka Rām
Kaushika Makha Samrakshaka Rām
Shrīmad Ahalyod-Dhāraka Rām
Gautama Muni Sampūjita Rām
Suramuni Varagana Samsthutha
Rām

Nāvika Dhāvitha Mridu Pada Rām
Mithilā Pura Jana Mohaka Rām
Videha Mānasa Ranjaka Rām
Thryambaka Kārmuka
Bhanjaka Rām
Sītār Pitha Vara Mālika Rām
Kritha Vaivāhika Kauthuka Rām
Bhārgava Darpa Vināshaka Rām
Shrīmad Ayodhyā Pālaka Rām

Shuddha Brahma Parātpara Rām
Kālātmaka Parameshvara Rām

Aganitha Guna Gana
Bhūshitha Rām
Avanī Thanayā Kāmitha Rām
Rākā Chandra Samānana Rām
Pitri VākyāShrīta Kānana Rām
Priya Guha Viniveditha Pada Rām
That Kshālitha Nija Mridu Pada
Rām

Bharadvāja Mukhā Nandaka Rām
Chithrakutādri Niketana Rām
Dasharatha Santata Chintita Rām
Kaikeyi Tanayārthita Rām
Virachitha Nija Pitri Karmaka Rām
Bharathārpitha Nijapāduka Rām

Dandaka Vana Jana Pāvana Rām
Dushta Virādha Vināshana Rām
Sharabhanga Suthīkshnārchitha
Rām

Agasthyānugraha Vardhita Rām
Gridhrādhipa Samsevita Rām
Panchavatī Tata Susthitha Rām

Shūrpanakhārti Vidhāyaka Rām
Khara Dūshana Mukha Sūdaka Rām

Sītā Priya Harinānuga Rām
Mārīcharti Kridāshuga Rām
Vinashta Sītānveshaka Rām
Gridhrādhipa Gathidāyaka Rām

Shabarī Datta Phalāshana Rām
Kabandha Bāhuchhedana Rām
Hanumat Sevitha Nijapada Rām
Natha Sugrīvābhishtada Rām
Garvita Vāli Samhāraka Rām
Vānara Dūta Preshaka Rām
Hitakara Lakshmana Samyutha Rām
Kapivara Santatha Samsmrita Rām
Tad Gathi Vighna Dhvamsaka Rām
Sītā Prānā Dhāraka Rām
Dushta Dashānana Dūshita Rām
Shista Hanūmad Bhūshitha Rām

Sītāvedhita Kākāvana Rām
Kritha Chūdāmani Darshana Rām
Kapi Vara Vachanāshvāsitha
Rām

Rāvana Nidhana Prasthitha Rām
Vānara Sainya Samāvrita Rām
Soshita Sarid Ishārthitha Ram

Vibhishanābhaya Dāyaka Rām
Parvata Setu Nibandhaka Rām
Kumbhakarna Shira
Schedaka Rām
Rākshasa Koti Vimardaka Rām
Ahimahi Rāvana Mārana Rām
Samhrita Dashamukha
Rāvana Rām

Vidhi Bhava Mukha Sura
Samstutha Rām
Khasthita Dasharatha
Vīkshitha Rām
Sītā Darshana Moditha Rām
Abhishiktha Vibhīshananutha
Rām
Pushpaka Yānārohana Rām
Bharadvājādi Nishevana Rām

Bharatha Prāna Vitarana Rām
Sāketha Purī Bhūshana Rām
Sakala Svīya Samāvrita Rām
Rathna Lasat Pīthasthita Rām
Pattābhishekālankrita Rām
Pārthiva Kula Sammāntita Rām

Vibhīshanārpita Ranjaka Rām
Kīsha Kulānugrāhaka Rām
Sakala Jīva Samrakshaka Rām
Samastha Lokoddhāraka Rām
Rāma Rāma Jaya Rājā Rām
Rāma Rāma Jaya Sītā Rām

Shrī Rām Jaya Rām
Jaya Jaya Rām

704. Jaya Jagadīsha Hare

Om Jaya Jagadīsha Hare
Swāmi, Jaya Jagadīsha Hare

Bhakta Janana Ke Sankata
Bhakta Janana Ke Sankata
Kshana Men Dūra Kare

Om Jaya Jagadīsha Hare

*O Herr des Universums, ich verehre
Dich. O großer Befreier, Ruhm sei Dir.*

Jo Dhyāve Phala Pāve
Dukha Vinase Mana Kā
Swāmi, Dukha Vinase Mana Kā

Sukha Sampati Ghar Āve
Kashta Mite Tana Kā

Om Jaya Jagadīsha Hare

*Du beseitigst alle Probleme des Suchers
in einem Moment. Du nimmst alle Leiden von mir, wenn ich mich Dir ganz
hingebe.*

Mātapitā Tuma Mere
Sharana Gahūn Kisakī
Swāmi, Sharana Gahūn Kisakī

Tuma Bina Aura Na Dūjā
Āsa Karūn Kisakī

Om Jaya Jagadīsha Hare

*Lass Glück und Reichtum in unser Haus
kommen. Befreie unseren Geist von seinen
Leiden. Du bist Mutter und Vater für mich.
Ich habe keine andere Zuflucht als Dich.*

Tuma Pūrana Paramātmā
Tuma Antaryāmī
Swāmi, Tuma Antaryāmī

Pārabrahma Parameshvara
Tuma Saba Ke Swāmī

Om Jaya Jagadīsha Hare

*Du bist der unendliche Gott, und Du bist
auch in meinem Herzen. Du bist die
letztendliche Quelle hinter allem, und
der Herr aller Geschöpfe.*

Tuma Karunā Ke Sāgara
Tuma Pālana Kartā
Swāmi, Tuma Pālana Kartā

Mai Mūrakha Khala Kāmi
Kripā Karo Bharatā

Om Jaya Jagadīsha Hare

*Du bist ein Ozean des Mitleids. Du bist
der Herrscher des Universums. Ich bin
unwissend und Sinnesobjekten verhaftet.
Bitte gib mir Deine Gnade.*

Tuma Ho Eka Agochar
Sabe Ke Prānapatī
Swāmi, Sabe Ke Prānapatī

Kisa Vidhi Milūn Dayāmaya
Tumako Mai Kumati

Om Jaya Jagadīsha Hare

*Du bist der Unsichtbare, die göttliche
Energie hinter allem. Mein niederer Geist
ist sehr stark. Wie kann ich Deine Gegenwart spüren und zum Frieden kommen?*

Dīna Bandhu Dukha Haratā
Tuma Rakshaka Mere
Swāmi, Tuma Rakshaka Mere

Apane Hātha Badhāo
Dvāra Padā Tere

Om Jaya Jagadīsha Hare

*Du nimmst meine Sorgen und Probleme
weg. Du bist mein Retter. Ich neige mich
vor Dir und weihe Dir mein Leben.
Bitte segne mich.*

Vishaya Vikāra Mitāo
Pāpa Haro Devā

Swāmi, Pāpa Haro Devā
Shraddhā Bhakti Badhāo
Santana Kī Sevā
Om Jaya Jagadīsha Hare

*Beseitige alle meine niederen Impulse
und negativen Emotionen. Verstärke
meine Hingabe zu Dir.*

Jaya Jagadīsha Ki Ārati
Jo Koyi Nara Gāve
Swāmi, Jo Koyi Nara Gāve

Kahat Sivānanda Swāmi
Sukha Sampatti Pāve
Om Jaya Jagadīsha Hare

*Lass mich meinem Meister Swami
Sivananda dienen.*

Om Jaya Jagadīsha Hare (4×)
Glory to the Lord of the
Universe (4×)
Om Jaya Jagadīsha Hare
Glory to the Mother of the
Universe (4×)
Om Jaya Jagadīsha Hare

705. He Prabho

He Prabho Ānanda Dātā,
Gyāna Hamako Dījiye

*Oh Gott, der Du Wonne bringst,
gib mir Weisheit.*

Shīghra Sāre Durgunonko,
Dūra Hamase Kijiye

*Nimm schnell meine schlechten
Gewohnheiten ganz weit von mir.*

Lījiye Hamako Sharanme,
Ham Sadāchārī Bane

*Nimm mich, der sich Dir ergibt. Mache mich
zu jemandem mit guten Eigenschaften.*

Brahmachārī Dharma Rakshaka,
Vīra Vrata Dhārī Bane

*Beschütze mich als Schüler der
Wahrheit. Gib, dass ich meine guten
Vorsätze in die Tat umsetze.*

He Prabho Ānanda Dātā,
Gyāna Hamako Dijiye

*Oh Gott, Der Du Wonne bringst,
gib mir Erkenntnis.*

Prema Se Hama Guru Janon Kī,
Nitya Hī Sevā Kare

*Lass mich meinem (meinen) spirituellen
Lehrer(n) stets mit Liebe dienen.*

Satya Bole Jhūta Thyāge,
Mela Āpas Me Kare

*Lass mich stets die Wahrheit sprechen
und die Unwahrheit ablehnen.*

He Prabho Ānanda Dātā,
Gyāna Hamako Dijiye

*Oh Gott, der Du Wonne bringst,
gib mir Wissen.*

Nindā Kisīkī Hama Kisīse,
Bhūla Kara Bhī Na Kare

*Hilf mir, niemals Respektlosigkeit gegen-
über irgend jemandem zu zeigen, und lass
mich bitte niemals meine Ideale vergessen.*

Divya Jīvana Ho Hamārā,
Tere Yasha Gāyā Kare

*Lass mein Leben ein göttliches Leben sein.
Lass mich stets Deine Göttlichkeit besingen.*

He Prabho Ānanda Dātā,
Gyāna Hamako Dijiye

*Oh Gott, der Du Wonne bringst,
gib mir Erkenntnis.*

706. Hanumān Chālisā

Shrīguru Charana Saroja Raja
Nija Mana Mukura Sudhāri
Baranau Raghubara Vimala Jasu
Jo Dāyaku Phala Chāri

Nachdem ich den Spiegel meines Geistes mit dem Staub von den Lotusfüßen des Gurus gereinigt habe, beschreibe ich Ramas makellosen Ruhm, der alle vier Bestrebungen im Leben erfüllt: Dharma (Pflichterfüllung), Artha (Wohlstand, Erfolg), Kama (Sinnesbefriedigung) und Moksha (Befreiung).

Buddhihīna Tanu Jānike
Sumirau Pavana-Kumāra
Bala Budhi Vidyā Dehu Mohi
Harahu Kalesa Bikāra

Erkennend, dass ich keinerlei Weisheit besitze, erinnere ich mich an den Sohn des Windgottes. Vielleicht segnet er mich mit Stärke, Weisheit und Wissen und macht mich frei von meinen Leiden und Unzulänglichkeiten.

Jay Hanumāna Jnāna Guna Sāgara
Jay Kapīsa Tihu Loka Ujāgara

Ruhm und Ehre Dir, oh Hanumān, Du Ozean des Wissens und der Tugenden! Ehre dem Herrn der Affen, dem Erleuchter der drei Welten!

Rāma Dūta Atulita Bala Dhāmā
Anjani-Putra Pavanasuta Nāmā

Du bist der Bote Ramas, der Inbegriff unvergleichlicher Macht und als Sohn Anjaneyas wirst Du auch Pavansuta genannt.

Mahābīra Bikrama Bajarangī
Kumati Nivāra Sumati Ke Sangi

Du bist der große außergewöhnliche Held, strahlend wie Blitz und Donnerkeil. Du nimmst schlechte Gedanken weg und bist Freund einer positiven Einstellung und der Weisheit.

Kanchana Barana Birāja Subesā
Kānana Kundala Kunchita Kesā

Du strahlst golden, bist anziehend gekleidet, Ohrringe glänzen in Deinen Ohren und Dein Haar ist lockig.

Hātha Bajra Au Dhvajā Birājai
Kāndhe Mūmja Janeeu Sājai

In Deinen Händen blitzt der Donnerkeil und die Flagge. Über Deiner Schulter trägst Du die Heilige Schnur aus Munja-Gras.

Shankara Suvana Kesari-Nandana
Teja Pratāpa Mahā Jaga Bandana

O Sohn Shankaras, das Entzücken Kesaris, auf der ganzen Welt wird die Großartigkeit Deines Ruhmes verehrt.

Vidyāvāna Gunī Ati Chātura
Rāma Kāja Karibe Ko ātura

Gelehrt, tugendhaft, geschickt und über die Maßen weise, bist Du immer eifrig bemüht, Ramas Aufträge zu erfüllen.

Prabhu Charitra Sunibe Ko Rasiya
Rāma Lakhana Sītā Mana Basiyā

*Du freust Dich, Die großartige Lebensge-
schichte Ramas zu hören. Rama, Lakshmana und Sītā leben in Deinem Herzen.*

Sūkshma Rūpa Dhari Siyahin Dikhāvā
Bikata Rūpa Dhari Lanka Jarāvā

*Du bist Sītā in subtiler Form erschienen
und hast Sri Lanka auf schreckliche Weise
niedergebrannt.*

Bhīma Rūpa Dhari Asura Samhāre
Rāmachandra Ke Kāja Samvāre

*Du hast die Dämonen getötet, indem Du
riesige Formen angenommen hast. So hast
Du Ramas Werk vollendet.*

Lāya Sajīvana Lakhana Jiyāye
Sriraghubīra Harasi Ura Lāye

*Als Du das lebensspendende Kraut Sanjivani
gebracht und damit Lakshmana wieder be-
lebt hast, umarmte Dich Rama voller Freude.*

Raghupati Kīnhin Bahuta Badāi
Tuma Mama Priya Bharatahi
Sama Bhāi

*Rama hat Dich hoch gepriesen und gesagt:
„Du bist mir so teuer wie mein Bruder
Bharata“.*

Sasara Bada Tumharo Jasa Gāvaim
Asa Kahi Shrīpati Kantha Lagāvaim

*Rama hat Dich herzlich umarmt und fest-
gestellt, dass sogar Adi Shesha, die tausend-
köpfige Weltenschlange, Deinen Ruhm singt.*

Sanakādika Brahmādi Munīsā
Nārada Shārada Sahita Ahisā

*Dein Ruhm wird auch beständig gesungen
von den Weisen wie Sanaka und anderen,
Göttern wie Brahma, dem großen Rishi
Narada und der Göttin Saraswati.*

Yama Kubera Digapāla Jahām Te
Kabi Kobida Kahi Sake Kahām Te

*Yama, der Todesgott, Kubera, der Gott
des Reichtums und die Dikpalakas, die
Wächter der Himmelsrichtungen, singen
ebenfalls Deinen Ruhm. Wie können ge-
wöhnliche Sterbliche – Dichter und Ge-
lehrte – Deinem Ruhm gerecht werden?*

Tuma Upkāra Sugrīvahim Kīnhā
Rāma Milāya Rāja Pada Dīnhā

*Du hast Sugriva einen großen Dienst er-
wiesen, indem Du ihn zu Rama geführt
und ihm die Herrschaft über sein König-
reich zurückgegeben hast.*

Tumharo Mantra Bibhīshana Mānā
Lankeshwara Bhaye Saba Jaga Jānā

*Vibhishana hat Deinen Rat befolgt und
wurde Herrscher von Sri Lanka. Das ist
allgemein bekannt.*

Juga Sahasra Jojana Para Bhānū
Lilyo Tāhi Madhura Phala Jānū

*Aus großer Entfernung hast Du die
Sonne verschluckt, weil Du sie für eine
süße Frucht gehalten hast.*

Prabhu Mudrikā Meli Mukha Māhim
Jaladhi Lānghi Gaye Acharaja Nāhim

*Kein Wunder, dass Du den Ozean
überqueren konntest, denn Du trugst
Ramas Ring.*

Durgama Kāja Jagata Ke Jete
Sugama Anugraha Tumhare Tete

*Alle Aufgaben der Welt, wie schwierig sie
auch sein mögen, werden durch Deine
Gnade leicht.*

Rāma Duāre Tuma Rakhvāre
Hota Na Ajnā Binu Paisāre

*Du bist der Wächter am Eingang zur
Wohnstätte Ramas, zu der niemand
ohne Deine Einwilligung Zutritt hat.*

115

Saba Sukha Lahai Tumhārī Saranā
Tuma Rakshaka Kāhū Ko Dara Nā

*Wer Zuflucht bei Dir sucht, geniesst
alle Wonne und, mit Dir als Beschützer,
erfährt er keine Furcht mehr.*

Āpana Teja Samhāro āpai
Tinon Loka Hānka Te Kāmpai

*Deinen strahlenden Glanz beherrschst nur
Du allein und Dein durchdringendes Brül-
len bringt die drei Welten zum Erzittern.*

Bhūta Pisācha Nikata Nahim āvai
Mahābīra Jaba Nāma Sunāvai

*Wenn Dein Name, Mahavira, ständig
wiederholt wird, wagen Geister und
Kobolde nicht näher zu kommen.*

Nāsai Roga Hared Saba Pīrā
Japata Nirantara Hanumata Bīrā

*Ständige Wiederholung Deines Namens,
tapferer Hanumān, löst alle Krankheiten
und alles Leiden auf.*

Sankata Tein Hanumāna Chhudāvai
Mana Krama Bachana Dhyāna
Jo Lāvai

*Wenn jemand sich in Gedanke, Wort und
Tat auf Hanumān konzentriert, wird er
aus jeder schwierigen Lage befreit.*

Saba Para Rāma Tapasvī Rājā
Tina Ke Kāja Sakala Tuma Sājā

*Obwohl Rama selbst der höchste Asket
ist, der Herr aller, so hast Du, Hanumān,
all seine Aufgaben ebenfalls erfolgreich
erfüllt.*

Aura Mano Ratha Jo Koi Lāvai
Soi Amita Jīvana Phala Pāvai

*Wer auch immer eine Sehnsucht nach
Dir zum Ausdruck bringt, wird mit zahl-
losen Früchten im Leben belohnt.*

Chārom Juga Paratāpa Tumhārā
Hai Parasiddha Jagata Ujiyārā

*Dein Ruhm ist über alle vier Zeitalter
verbreitet und strahlt bis auf die irdische
Sphäre herunter.*

Sādhu Santa Ke Tuma Rakhavāre
Asura Nikandana Rāma Dulāre

*Du beschützt Heilige und Weise, vernich-
test die Dämonen und bist Rama lieb.*

Ashta Siddhi Nau Nidhi Ke Dātā
Asa Bara Dīna Jānakī Mātā

*„Sei Du der Verleiher der acht Siddhis
und der neun Nidhis" – diese Gabe hat
Dir Janaki geschenkt.*

Rāma Rasāyana Tumhare Pāsā
Sadā Raho Raghupati Ke Dāsā

*Du besitzt Ramarasayana, süße Hingabe
an Rama. Mögest Du immer der Diener
Gottes (Ramas) bleiben.*

Tumhare Bhajana Rāma Ko Bhāvai
Janama Janama Ke Dukha Bisarāvai

*Wenn der spirituelle Schüler Deinen Ruhm
singt, erreicht er Rama und vergisst die
Leiden aller vergänglichen Geburten.*

Anta Kāla Raghubara Pura Jāi
Jahām Janam Hari-Bhakta Kahāi

*Schließlich gelangt Dein Anhänger zur
Wohnstatt Ramas, wo er ein Verehrer
Haris wird.*

Aura Devatā Chitta Na Dharai
Hanumata Sei Sarba Sukha Karai

*Wer keinen anderen Gott außer
Hanumān verehrt, geniesst alle Wonne.*

Sankata Katai Mitai Saba Pirā
Jo Sumirai Hanumata Balabīrā

*Wenn jemand ständig den Namen des
heldenhaften Hanumān wiederholt,*

*verschwinden alle Schwierigkeiten und
alle Leiden haben ein Ende.*

Jai Jai Jai Hanumāna Gosāi
Kripā Karahu Guru Deva Ki Nāim

*Ehre, Ruhm und Preis Dir Hanuman,
schenke mir Deine Gnade als mein Guru.*

Jo Shata Bāra Pātha Kara Koi
Chuutahi Bandi Mahā Sukha Hoi

*Wer dies hundert Mal rezitiert, ist frei von
Bindung und geniesst höchste Wonne.*

Jo Yaha Padhai Hanumāna Chalīsā
Hoya Siddhi Sākhi Gaurisā

*Wer diese Hanumān Chalisa liest, erlangt
Vollkommenheit. Das bezeugt Shiva.*

Tulasīdāsa Sadā Hari Cherā
Kījai Nātha Hridaya Maha Derā

*Tulasidas sagt: „O Hanumān, der Du der
nimmer müde Diener Ramas bist, sei gnädig
und wähle mein Herz als Deine Wohnstatt."*

Pavana Tanaya Sankata Harana
Mangala Mūrati Rūpa
Rāma Lakhana Sītā Sahita
Hridaya Basahu Sura Bhūpa

*O Sohn des Windgottes, Befreier von allen
Schwierigkeiten, die reine Verkörperung
von Glückseligkeit und allen Segnungen!
O König der Unsterblichen, nimm auf ewig
Wohnsitz in meinem Herzen, zusammen
mit Rama, Lakshmana und Sītā.*

Doha

Pavan Tanay Sankat Harana
Mangala Murati Rūp
Ram Lakhan Sita Sahita Hriday
Basahu Sūr Bhūp

Friedensgebete, Segenswünsche, Ārati

800. Mahā Mrityunjaya Mantrā

Om Tryambakam – Moksha Mantrā
Das Om Tryambakam wird auch
„Maha Mrityunjaya Mantra", „großes
lebensspendendes Mantra" genannt.
Wir können mit diesem Mantra heilende Energie an unsere Organe oder
an andere Menschen schicken, die kör-
perlich oder seelisch leiden.
Dieses Mantra wird auch wiederholt,
um vor Unfällen auf Reisen beschützt
zu werden. Es ist auch geeignet, kürz-
lich Verstorbenen Energie zu geben.
Dieses Mantra ist ein Shiva Moksha
(Befreiung) Mantra. Es wird gewöhnlich 3, 9, 27 oder 108 mal wiederholt.
Insbesondere am Geburtstag ist es sehr
wirkungsvoll, dieses Mantra so oft wie
möglich zu wiederholen.

**Om Tryambakam Yajāmahe
Sugandhim Pushtivardhanam
Urvārukamiva Bandhanān
Mrityor Mukshīya Māamritāt
(3×)**

801. Friedensgebete

Die folgenden sind Gebete für den Frieden in der Welt und das Wohlergehen aller. Für andere zu beten, öffnet das Herz und füllt unseren Geist mit Mitgefühl. Die durch diese Mantras geschaffenen positiven Schwingungen helfen, die astrale Atmosphäre zu reinigen, und bringen allen Frieden und Trost.

Sarveshām Svasti Bhavatu
Sarveshām Shāntir Bhavatu
Sarveshām Pūrnam Bhavatu
Sarveshām Mangalam Bhavatu

Om – Wohlergehen sei mit allen.
Friede sei mit allen. Fülle sei mit allen.
Reichtum sei mit allen.

Sarve Bhavantu Sukhinah
Sarve Santu Nirāmayāh
Sarve Bhadrāni Pashyantu
Mā Kaschid-Dukha-Bhāg-Bhavet

Mögen alle glücklich sein. Mögen alle frei von Krankheiten sein. Mögen sich alle um das Wohlergehen anderer kümmern. Möge niemand Sorgen haben.

Asato Mā Sat Gamaya
Tamaso Mā Jyotir Gamaya
Mrityor Māamritam Gamaya

Om - führe mich vom Unwirklichen zum Wirklichen, von der Dunkelheit zum Licht, von der Sterblichkeit zur Unsterblichkeit.

Om Pūrnamadah Pūrnamidam
Pūrnāt Pūrnamudachyate
Pūrnasya Pūrnamādāya
Pūrnamevā Vashishyate

Om. Dieses ist unendlich. Jenes ist unendlich. Aus dem Unendlichen wird das Unendliche manifest.

Wenn man das Unendliche vom Unendlichen wegnimmt, bleibt immer noch das Unendliche übrig.

Om Shāntih Shāntih Shāntih
Om Frieden Frieden Frieden

Die sieben Chakras im Astralkörper werden durch das Mantrasingen auf harmonische Weise in Schwingungen versetzt.

802. Allumfassendes Gebet
Von Swāmi Sivānanda

Oh anbetungswürdiger Gott
voll Barmherzigkeit und Liebe,
Gruß Dir, in Demut gebeugt.
Sein ist Dein Wesen,
Wissen und Seligkeit.
Allgegenwärtig bist Du,
allmächtig, allwissend.
Im Innern aller Wesen
wohnst Du.
Gib uns ein verstehendes Herz,
die rechte Einsicht,
ausgeglichenes Gemüt,
Vertrauen, Hingebung und
Weisheit.

Lege in uns geistige Kraft,
Versuchungen zu widerstehen,
und Denken und Wollen
zu beherrschen.
Befreie uns von Selbstsucht,
Gier, Zorn und Hass.
Erfülle unser Herz
mit göttlichen Tugenden.
Lass uns Dich erschauen
in all den Namen und Gestalten.
Lass uns Dir dienen
in all den Namen und Gestalten.
Lass uns allezeit Deiner gedenken.
Lass uns stets
Deine Herrlichkeit singen.
Lass Deinen Namen
stets auf unseren Lippen sein.
Lass uns in Dir bleiben allezeit.

Swāmi Sivānanda

803. Gruß an das Göttliche und die Meister

Satsang-Leiter:
**Om Bolo Sadguru
Sivānanda Mahārāj Ji Ki**

Alle: **Jaya!**

*Verehrung und Dankbarkeit
dem Wahrheitslehrer Sivānanda.*

Satsang-Leiter:
**Om Bolo Shrī Guru
Vishnu-devananda Maharaj Ji Ki**

Alle: **Jaya!**

Verehrung und Dankbarkeit dem verehrten Lehrer Vishnu-Devananda

Sacchidānanda Bhagavān Kī Jai
Vishwanātha Bhagavan Kī Jai
Shankarāchārya Mahārāj Kī Jai
Satguru Swāmi Sivānanda
Mahārāj Kī Jai
Sarva Santana Kī Jai
Nāma Bhagavān Kī Jai
Sanātana Dharma Kī Jai
Sarva Dharmon Kī Jai
Namah Pārvatī Pataye
Hara Hara Mahādev.

*Ruhm und Ehre dem Höchsten Gott
Ruhm dem Gott des Universum
Ruhm dem Meister Shankaracharya
Ruhm dem Meister Swami Sivananda
Ruhm und Ehre allen Heiligen
Ruhm und Ehre dem Namen Gottes
Ruhm der Überlieferung und Tradition
Ruhm und Ehre allen Religionen*

*Verehrung an Parvati, die Gemahlin
Shivas, des Gottes der Götter, die all
unsere Leiden wegnehmen.*

804. Ārati - Lichtzeremonie

Licht wird vor dem Altar geschwenkt.
Es ist gleichzeitig Opfer, Symbol für
das Bringen von Licht und Erleuchtung durch spirituelle Handlungen und
das Verbrennen aller Negativitäten.
Die dabei wiederholten Mantras rufen
die verschiedenen Aspekte Gottes und
die Energien der Meister an. Das Über-
streifen mit der Flamme symbolisiert
das Reinigen unseres Geistes, das Auf-
nehmen von Licht, und die Erweckung
des dritten Auges. Prasad ist Opfergabe
an Gott. Man bietet Gott Obst oder Sü-
ßigkeiten dar, die anschließend unter
die Anwesenden verteilt werden.

Arati hilft, die astrale Atmosphäre
eines Raumes zu reinigen, positive
Schwingungen zu erzeugen und ist ein
Symbol für das Opfern aller Handlungen an Gott und den Nächsten.

Jaya Jaya Ārati Vighnavināyaka
Vighnavināyaka Shrī Ganeshā

Jaya Jaya Ārati Subrahmanya
Subrahmanya Kārtikeya

Jaya Jaya Ārati Venugopālā
Venugopālā Venulolā

Pāpavidūrā Navanita Chorā

Jaya Jaya Ārati Venkataramanā
Venkataramanā Sankataharana

Sītā Rāmā Rādheshyāma

Jaya Jaya Ārati Gauri Manohara
Gauri Manohara Bhavāni
Shankara

Sāmbasadāshiva
Umā Maheshwara

Jaya Jaya Ārati Rāja Rājeshwari
Rāja Rājeshwari Tripura Sundari

Mahā Lakshmi
Mahā Saraswati
Mahā Kālī
Mahā Shakti

Jaya Jaya Ārati Ānjaneya
Ānjaneya Hanūmanta

Jaya Jaya Ārati Dattātreya
Dattātreya Trimurti Avatāra

Jaya Jaya Ārati Ādityāya
Ādityāya Bhāskarāya

Jaya Jaya Ārati Shanīshwarāya
Shanīshwarāya Bhāskarāya

Jaya Jaya Ārati Shankarāchāryā
Shankarāchārya Adwaita gurave

Jaya Jaya Ārati Sadguru Nātha
Sadguru Nātha Sivānanda

Jaya Jaya Ārati
Jesus Gurave
Moses Gurave
Buddha Gurave

Jaya Jaya Arati
Mohammed Gurave
Laotse Gurave
Samasta Guru Bhyo Namah

Jaya Jaya Ārati Venugopālā

804b
Rajadhi Rajaya Arati

Om Rājādhi Rājāya
Prasahya Sāhine.
Namo Vayam
Vaishravanāya Kurmahe
Sa Me Kāmān Kāma
Kāmāya Mahyam.
Kāmeshwaro Vaishravano
Dadhātu
Kuberāya Vaishravanāya
Mahārājāya Namah.

804c

Om Na Tatra Sūryo Bhāti
Na Chandra Tārakam
Nemā Vidyuto Bhānti
Kutoyamagnihi
Tameva Bhānta Manubhāti Sar-
vam
Tasya Bhāsā Sarvamidam
Vibhāti

804d

Om Gange Cha Yamune Chaiva
Godāvari Saraswati
Narmade Sindhu Kāveri
Namastubhyam Namo Namah

* Shiva-Arati siehe Nr. 259
* Devi Ārati siehe Nr. 314
* Gangā Ārati siehe Nr. 312

805. Twameva Mātā
– Widmung

Twameva Mātā
Cha Pitā Twameva
Twameva Bandhuscha
Sakhā Twameva

Twameva Vidyā
Dravinam Twameva
Twameva Sarvam
Mama Deva Deva.

_Oh Gott der Götter! Du allein bist
Mutter, Vater, Verwandter, Freund,
Wissen, Reichtum und alles._

**Kāyena Vāchā
Manasendriyairvā
Buddhyātmanāvā
Prakriteh Swabhāvāt**

**Karomi Yad Yad
Sakalam Parasmai
Nārāyanāyeti Samarpayāmi**

_Was auch immer ich an Handlungen mit
Körper, Sprache, Geist, Sinnen, Intellekt,
Natur oder Emotionen ausführe, alle
diese opfere ich dem Höchsten Gott._

**Sarva Dharmān Parityajya
Mām Ekam Sharanam Vraja**

**Aham Tvā Sarvapāpebhyo
Mokshayishyāmi Mā Shuchah**

_Gib Dharmas auf, nimm Zuflucht
zu Gott allein. Er wird dich von allen
Unvollkommenheiten befreien, sorge
dich nicht. (Bhagavad Gita XVIII, 66)_

806. Mangalā Charana

Anrufung – Segenswünsche

Om Swasthi Prajābhyah
Paripāla Yantām
Nyāyena Mārgena Mahīm
Mahīshāh
Go Brāhma-Nebhyah Shubham
Astu Nityam
Lokāh Samasthāh Sukhino
Bhavantu

Mögen alle Wesen Frieden und Wohlergehen erfahren. Mögen die Könige und Regierenden auf rechtschaffene Art und Weise regieren. Mögen alle glücklich sein, Kühe und Brahmanen. Möge in allen Welten Glück herrschen.

Kāle Varshatu Parjanyāha
Prithvī Sasya Shālinī
Deshoyam Kshobha Rahito
Brāhmanāh Santu Nirbhayāh

Lass Regen zur rechten Zeit und in richtigem Maße fallen, so dass die Erde fruchtbar werde und reiche Ernte bringe. Verschone das Land von Schwierigkeiten jeder Art. Mögen die Priester und Heiligen in Frieden leben, frei von jeder Furcht vor Verfolgung.

Ashubhāni Nirā Chaste
Tanoti Shubha Santatim
Smriti Māntrena Yat Pumsām
Brahma Tan Mangalam Param

Möge keinerlei Unglück irgendwo sein. Möge Brahman, das Höchste Wesen, die Menschheit mit wohlerzogenen Kindern segnen und uns alle Glücksgüter verleihen.

Ati Kalyāna Rūpatvāt
Nitya Kalyāna Samshrayāt

Smartrūnām Varadāt Vāchha
Brahma Tan Mangalam Viduh

Erkenne jenes Brahman als höchste umfassende Glücksverheissung, als all das, was als Glück erscheint, das die ewige Quelle allen Glückes ist, das die Wünsche all jener erfüllt, die über Es meditieren.

Om Kāras Cha Atha Sabdascha
Dwāve Tou Brahmanah Purā
Kantham Bhitvā Viniryātau
Tasmāt Māngalikā Vubhau.
Om Atha Om Atha Om Atha

Es heisst, am Anfang sprach Brahman die beiden Klänge Om und Atha (jetzt); deshalb sind sie glücksverheissend und segensreich.

Mangalam Asmat Gurūnām
Mangalam Me Astu
Sarveshām Mangalam
Bhavatu

*Möge Segen auf unseren Meistern ruhen
Möge auch ich gesegnet sein
Mögen alle gesegnet sein*

Om Shāntih Om Shāntih
Om Shāntih Om
Om Frieden Om Frieden
Om Frieden Om

Symbolik des Ārati

Licht wird vor dem Altar geschwenkt. Dies symbolisiert, dass Gott Jyoti Swarupa ist, also der, dessen eigentliche Form Licht ist.

Der Betende sagt: Oh Herr! Du bist das Licht in der Sonne, im Mond und im Feuer. Nimm die Dunkelheit von mir fort, indem Du mir von Deinem göttlichen Licht gibst. Möge mein Verstand erleuchtet werden.

Das Verbrennen von Kampfer bedeutet, dass das Verhaftetsein im Ich schmelzen soll wie der Kampfer und die individuelle Seele eins werden soll mit dem höchsten Licht der Lichter.

Prasad ist die Opfergabe an Gott. Man opfert süßen Reis, Früchte, Milch und ähnliches. Nachdem sie Gott dargebracht wurden, werden sie unter den Anwesenden verteilt. Besonders wichtig ist dabei die geistige Einstellung (Bhava).

Äußere Symbole sollten auf dem spirituellen Weg nicht vernachlässigt werden, da sie sehr hilfreich sind. Richtig betrachtet, spielen sie sowohl im materiellen wie im spirituellen Leben eine wichtige Rolle.

807. Wörtliche Übersetzung des Mahā Mrityunjaya Mantrās (Om Tryambakam)

Om - Wir verehren den Dreiäugigen Shiva, der wohlriechend ist und alle Wesen ernährt. Möge er uns vom Tod befreien und uns dazu reif machen, zur Unsterblichkeit zu gelangen, genau wie eine reife Gurke von der Pflanze abfällt.

Dreiäugig: Symbolisiert, dass Gott sowohl in der Dualität (zwei Augen) wie auch in der spirituellen Welt (drittes Auge) manifest ist.

Wohlriechend: Symbolisiert, dass die Liebe Gottes uns zu ihm hinzieht.

Gurke: Nur eine reife Frucht fällt von selbst von der Pflanze ab. Genauso bitten wir darum, die spirituelle Reife zu erlangen, um durch die Gnade Gottes zur Unsterblichkeit zu gelangen.

808. Universal Prayer

Von Swāmi Sivānanda

O Adorable Lord of Mercy
and Love,
Salutations and prostrations
unto Thee.
Thou art Omnipresent,
Omnipotent and Omniscient.
Thou art Satchidānanda.
Thou art Existence, Knowledge
and Bliss Absolute.
Thou art the Indweller of all
beings.
Grant us an understanding heart,
equal vision,
Balanced mind, faith, devotion
and wisdom.
Grant us inner spiritual strength
to resist temptation
and to control the mind.
Free us from egoism, lust, anger,
greed, hatred and jealousy.
Fill our hearts with Divine virtues.
Let us behold Thee in all these
names and forms.

123

Let us serve Thee in all these
names and forms.
Let us ever remember Thee.
Let us ever sing Thy glories.
Let Thy name be ever on our lips.
Let us abide in Thee for Ever
and Ever.
Om Bolo Satguru Sivānanda
Mahārāj Ji Ki - Jaya!

809. Gebet des heiligen Franziskus von Assisi

Herr,
Mache mich zum Werkzeug
Deines Friedens:
Dass ich Liebe bringe,
wo man sich hasst,
Dass ich Versöhnung bringe,
wo man sich kränkt,
Dass ich Einigkeit bringe,
wo Zwietracht ist,
Dass ich den Glauben bringe,
wo Zweifel quält,
Dass ich die Hoffnung bringe,
wo Verzweiflung droht,
Dass ich die Freude bringe,
wo Traurigkeit ist,
Dass ich das Licht bringe,
wo Finsternis waltet.

O Meister,
Hilf mir, dass ich nicht
danach verlange
Getröstet zu werden,
sondern zu trösten,
Verstanden zu werden,
sondern zu verstehen,

Geliebt zu werden,
sondern zu lieben.

Denn:
Wer gibt, der empfängt,
Wer verzeiht,
dem wird verziehen,
Wer stirbt,
der wird zum ewigen
Leben geboren.

Amen

Index (mit Liednummern)